자기돌봄 안내서

박현정 지음

아우룸

당신의 삶은
언제부터 시작되었나요?

_____ 년 _____ 월 _____ 일

지금까지 살아온 삶을 떠올려 보세요.
나 자신을 아끼고 돌보며 살아왔나요?

나를 온전히 사랑하고 나답게 성장하고 싶은 당신을 위한

시작하며

어느덧 40대에 들어섰습니다. 인생의 중반쯤 와 보니 삶을 되돌아보게 되더군요. 살아오면서 어려움도 여러 번 있었지만 잘 극복하고 현재는 삶에 감사하며 살고 있습니다. 강의와 코칭, 상담을 통해 누군가를 도우며 살 수 있다는 것 역시 큰 선물처럼 느껴집니다. 하지만 불과 몇 년 전까지만 해도 지금처럼 감사함과 기쁨이 충만한 삶을 살게 될 줄은 전혀 예상하지 못했습니다. 일은 일대로 풀리지 않았고 가족 관계도 휘청거렸지요. 스스로에 대한 자존감마저 곤두박질쳤고 몸과 마음의 에너지는 바닥을 드러냈습니다. 나 자신도, 내 삶도 무엇 하나 뜻대로 되는 것이 없었습니다.

20대에는 어려운 집안을 일으켜 보려 안간힘을 쓰느라 정작 저 자신에게 신경 쓰며 살지 못했고 30대가 되면 좀 나을까 싶었지만 결혼하고 아이 키우고 일하며 살다 보니 정신없이 바쁘게만 시간이 흘러갔습니다. 나

를 챙길 시간도, 마음의 여유도 없었지요. 몸과 마음의 에너지가 바닥을 치니 관계에서도 쉽게 갈등이 생기고 일에도 집중할 수가 없었습니다. 삶 전체가 엉망이 된 느낌이었습니다. 다가올 미래마저 암담하게 느껴지던 그때, 운명처럼 만나게 된 것이 '자기돌봄'이었습니다. 불빛 하나 보이지 않고 끝이 어디인지도 알 수 없는 터널에 갇혀 있다가 드디어 저 멀리 보이는 작은 불빛을 발견한 것입니다.

'자기돌봄'이란 '나'라는 존재가 누구인지 이해하고 마음 돌봄을 통해 에너지를 채우고 '나'다운 삶으로 성장해 가는 과정입니다. '자기돌봄'을 시작하자 마음 안에서 위로와 치유의 목소리가 들리기 시작했습니다.

'그동안 많이 힘들었지? 이제는 좀 내려놓아도 돼.'
'누군가의 인정보다 있는 그대로의 네가 더 소중해.'
'그 사람이 나쁜 게 아니야. 우리의 생각이 달랐을 뿐이지.'

이전에 느껴 보지 못했던 평온함과 충만함이 마음에 가득 찼습니다. 몸과 마음에 에너지가 채워지고 이제야 비로소 나도, 내 삶도 바로 세워지는 것 같다는 생각이 들었지요. 엉켜 있던 갈등도 하나씩 정리되었고 휘청거리던 일도 자리를 잡아 가기 시작했습니다.

'자기돌봄'을 만난 몇 년의 시간 동안 이전과는 완전히 다른 삶을 경험하게 되자 자신을 돌보지 못해 힘들어하는 사람들을 돕고 싶었습니다. 강의, 코칭, 상담을 통해 '자기돌봄'이 필요한 사람들을 만나기 시작했고 그들은 각자의 아픔을 쏟아 냈습니다. 가족을 위해 열심히 일만 하며 살아왔지만 돌아온 것은 가족의 냉대라며 절망하는 가장을 만났습니다. 아이 키우고 가정을 챙기느라 정작 자기 자신은 잃어버린 것 같다며 눈물짓는 엄마도 만났습니다. 진정으로 원하는 삶을 살고 싶지만 용기가 나지 않는다는 직장인도 만났지요. 자신을 있는 그대로 사랑하지 못하고 누군가와 끊임없이 비교하게 되어 괴롭다는 청년도 만났습니다.

이들에게 '자기돌봄'을 안내하고 스스로 훈련해 갈 수 있도록 도왔습니다. 스스로를 믿고 하나하나 실천해 가던 이들은 어느 순간부터 변화를 경험하기 시작했습니다. '자기돌봄'을 통해 자기 자신은 물론 자신의 삶을 온전히 사랑하고 돌볼 수 있게 된 것이지요. 이렇게 '자기돌봄'은 치유와 성장의 힘을 가지고 있습니다.

이제는 당신에게 묻고 싶습니다. 당신은 지금, 나 자신을 사랑하며 살고 있나요? 내 삶을 나답게 잘 살아가고 있나요? 열심히 살아왔는데 돌아보니 무언가 잘못되었다는 생각이 든다면 이제는 '자기돌봄'을 만나야 할 때입니다.

나를 사랑하고 싶지만 어떻게 해야 할지 몰라 막막할 때, 관계안에서의 갈등 때문에 생긴 마음의 상처를 치유하고 싶을 때, 자신을 돌봄으로써 더 늦기 전에 진짜 내 삶을 살아가고 싶을 때 이 책이 당신에게 위안이 되고 다시 시작할 수 있는 힘을 전해줄 수 있기를 간절히 소망합니다.

2019년 8월
박현정

자기돌봄 순서

Part 1 ──────────── 자기돌봄, 시작

Question 1. 나를 돌봐야 하는 이유는 무엇일까요? · 14
Question 2. 어떻게 해야 나 자신을 돌볼 수 있을까요? · 22

Part 2 ──────────── 자기돌봄, 나 만나기

Question 3. 지난 시간, 어떻게 살아왔나요? · 32
Question 4. 어린 시절, 행복했나요? · 42
Question 5. 자신이 누구인지 알고 있나요? · 53
Question 6. 남들이 보는 나는 누구일까요? · 63
Question 7. 있는 그대로의 나를 사랑하고 있나요? · 73

Part 3 ─────── 자기돌봄, 내 마음 안아주기

Question 8. 내 마음을 보듬으며 살고 있나요? · 86

Question 9. 나에게 '괜찮다'고 말해본 적 있나요? · 94

Question 10. 마음을 다스리며 살고 있나요? · 102

Question 11. 무엇이 내 감정을 흔드나요? · 112

Question 12. 내 마음이 진짜 원하는 것은 무엇일까요? · 121

Question 13. 나의 마음을 어떻게 전하고 있나요? · 130

Question 14. 마음의 에너지를 채우며 살고 있나요? · 140

Part 4 ─────── 자기돌봄, 나 답게 성장하는 삶

Question 15. 지금, 내 삶은 안녕한가요? · 150

Question 16. 삶의 주인으로 살고 있나요? · 158

Question 17. 무엇을 위해 살고 있나요? · 166

Question 18 소유하며 살고 있나요, 존재하며 살고 있나요? · 175

Question 19. 나의 시간, 잘 돌보고 있나요? · 183

Question 20. 오늘, 완전히 충전되었나요? · 192

Question 21. 매일매일 무엇을 하며 살고 있나요? · 200

이 책의 활용법

첫째,

이 책은 '자기돌봄'을 위한 길잡이입니다. 읽는 것으로 끝나지 않고 스스로 생각해 보고 방법을 찾아보며 실천하는 과정을 통해 나와 내 삶의 근본적인 변화를 이끌어 낼 수 있도록 돕는 책입니다.

둘째,

책의 내용을 하루동안 읽을 수 있는 분량으로 나누었습니다. 한꺼번에 읽거나 골라 읽기보다는 여유를 갖고 첫 페이지부터 한 장씩 차근차근 읽어 나가기를 권합니다.

셋째,

[생각의 공간]은 내용을 읽기 전 생각을 환기할 수 있도록 질문에 머물러 보고 기록하는 공간입니다. [지혜의 공간]은 자기돌봄의 방법과 지혜를 담고 있습니다. [치유와 성장의 공간]에는 스스로 생각하고 답을 찾을 수 있는 질문과 활동이 준비되어 있습니다. 읽고 생각하고 적어 보는 시간을 통해 '자기돌봄'의 삶으로 한 걸음 더 나아갈 수 있습니다.

준비하기

'자기돌봄'을 실천하기 위해 아래 질문을 천천히 읽고 질문에 머물러 본 후 떠오른 생각을 적어 내려가 보세요.

Q. 현재 나 자신과 나의 삶에 만족하고 있나요? 그 이유는 무엇인가요?

Q. 나 자신과 나의 삶이 정말로 소중한가요? 정말로 소중하다면 나와 내 삶을 위해 무엇을 하고 있나요?

Q. 나 자신과 나의 삶을 위해 하고 있는 것이 충분하다고 생각하나요? 만약 충분치 않다면 어떻게 하면 좋을까요?

Q. 이 책을 다 읽고 난 후 어떤 변화를 바라나요? 구체적으로 생각해 적어 보세요.

Part 1

자기돌봄, 시작

Question 1

나를 돌봐야 하는
이유는 무엇일까요?

생각의 공간

나 자신을 돌보는 것이 중요하다고는 생각하지만 정작 그 이유를 명확히 알고 있는 사람이 많지는 않습니다. 나 자신을 돌봐야 하는 이유는 무엇일까요? 외부적인 이유, 내부적인 이유 그 무엇이라도 좋습니다. 이 공간은 나만의 공간입니다. 누구도 나를 평가하거나 재단할 수 없습니다. 그러니 근사한 생각, 정답을 고민하기보다는 온전히 내 안에서 나온 나의 생각을 풀어내 보세요.

나를 온전히 사랑하고 나답게 성장하고 싶은 당신을 위한

지혜의 공간

　강의, 상담, 코칭을 통해 만난 사람들에게 '평소에 자기 자신을 잘 돌보고 있나요?'라는 질문을 던지면 대다수의 사람은 이런 질문 자체를 낯설어 합니다. 가족이나 아이 등 나 아닌 타인을 돌보는 것은 당연하게 생각되는데 왜 나 자신을 돌보는 것은 어색하고 어렵게 느껴지는 것일까요?

　우리가 성장하면서 부모님 혹은 어른들에게 스스로를 잘 돌보는 것이 중요하고 그 방법이 무엇인지에 대해 배운 적도, 들어 본 적도 없기 때문입니다. 나를 돌보는 것이 어색하고 어려운 일이긴 하지만 그렇다고 해서 외면하거나 포기하는 것은 나를 포기하는 것과 다를 것이 없습니다. '자기돌봄'을 제대로 알고 실천하며 살아야 하는 분명한 이유가 있기 때문입니다.

　우리는 참 많은 것들에 불안해하며 삽니다. '틀릴까 봐', '실패할까 봐', '남과 다를까 봐' 눈치를 보고 걱정을 합니다. '불안' 이라는 감정은 사람을 위축시키고 새로운 선택이나 도전을 하지 못하게 가로 막습니다. 그래서 누군가가 가르쳐 주는 대로, 혹은 세상이 정해 놓은 틀에 맞춰 살아가게 만들지요. 미디어와 매체를 통해 쉴 새 없이 등장하는 정보들, 전문가들의 조언, 사회의 규정, 가족들의 기대, 타인과의 비교 등 나의 불안을 증폭시키는 것들은 끊임없이 나타납니다. 불안이 커지니 스스로 답을 내릴 수 없어 멘토를 찾고 전문가를 찾습니다. 그리고 그들이 내려주는 답

을 따라갑니다. 분명 내 삶인데 그 안에 정작 자기 자신은 없는 채로 살아가고 있습니다. 타인의 말대로 따라가는 삶을 진정한 내 삶이라고 할 수 있을까요?

불안함으로 가득한 마음 상태로는 내 안에 있는 나만의 답을 찾기가 어렵습니다. 불안함 때문에 지금 가지고 있는 것, 누리고 있는 것을 쉽게 놓을 수가 없기 때문입니다. 불안을 놓아주기 위해서는 외부가 아닌 '나'에게 집중해야 합니다. 나에게 집중하는 '자기돌봄'을 통해 불안으로부터 자유로워질 수 있습니다.

헨리 데이비드 소로(Henry David Thoreau)는 『월든(Walden, 1854)』을 통해 우리에게 이런 말을 남겼습니다.

"이런 세상에, 눈을 감는 순간에 이르러서야 지금까지 내가 죽은 채로 살아온 것을 알게 되다니!"

평생 최선을 다해 열심히 살아왔다고 생각했는데 죽는 순간이 되어서야 자신이 죽은 채로 살아왔다는 것을 깨닫게 되었을 때 그 절망감과 억울함을 무엇으로 대신할 수 있을까요? 지금 당신은 죽은 채로 살고 있나요 아니면 살아 숨 쉬며 살고 있나요?

'언젠가는 진짜 좋아하는 일을 할 거야!'
'나중에는 더 행복해지겠지!'
'먼 훗날 때가 되면 내가 원하는 삶을 살 거야!'

    우리가 살면서 흔히 하는 말들입니다. 그런데 이 말들 안에 들어 있는 '언젠간', '나중에', '먼 훗날'과 같은 것은 그때가 정확히 언제인지 알 수 없는 모호한 말들입니다. 언제일지도 모르는 그 날을 언제까지 기다리며 나에게 정말 소중한 것을 미루며 살아가야 할까요? 미루며 사는 삶은 죽은 채로 살아가는 삶과 다르지 않습니다.

    만약 내 삶이 단 하루만 남아 있다면 무엇을 할지, 하루를 어떻게 보낼지 생각해 본 적이 있나요? 신을 믿든 믿지 않든 이 생에서 나에게 주어진 삶은 단 한 번으로 끝이 납니다. 이제는 생각해 보아야 합니다. 딱 한 번 주어지는 삶의 시간 동안 온전히 나를 사랑하며 살아왔는지, 소중한 사람과 함께하며 살아왔는지, 해야 할 일에 치이기보다 진정으로 하고 싶은 일을 하며 살아왔는지를 말이지요.

    우리가 이 세상에 온 이유가 '불안' 때문에 남이 정해 준 기준, 세상이 정해 준 기준에 맞춰 살기 위함은 아닐 것입니다. 또한 삶의 마지막 순간에 지나온 삶을 후회하기 위함도 아닐 것입니다. 불안을 버리고 후회하지 않을 삶을 살기 위해 나를 돌보는 삶으로 한 걸음 더 가까이 다가가 보는 것은 어떨까요?

치유와 성장의 공간

1. 나보다 다른 사람을 더 살피고 배려해야 한다고 생각하나요? 나를 먼저 생각하면 이기적인 사람처럼 보일까 봐 걱정되나요? 누군가의 부탁이나 요청을 거절하는 것이 마음을 불편하게 하나요? 만약 그렇다면 그 이유는 무엇일까요?

2. 위에서 적은 이유를 읽어 보고 그 이유가 나의 내면에서 나온 것인지 아니면 사회의 규정 혹은 지속된 교육이나 관습에서 나온 것인지 생각한 후 정리해 보세요.

3. 나를 사랑하고 내가 살고 싶은 삶으로 가는 것을 방해하는 불안이나 걱정은 무엇이 있나요?

4. 그 불안이나 걱정을 해소하기 위해서 무엇을 해야 할까요?

5. 나를 돌봄으로써 나와 내 삶은 어떻게 달라질까요?

6. 나를 돌보는 삶으로 가기 위해 지금 내가 할 수 있는 것은 무엇일까요?

Question 2

어떻게 해야
나 자신을
돌볼 수 있을까요?

생각의 공간

그 누구보다 나를 먼저 챙기고 돌보고 싶다는 생각이 들 때가 있습니다. '자기돌봄'을 위해 내가 할 수 있는 것에는 무엇이 있을까요? 나를 돌보는 것의 의미를 생각해 보고 그 방법이 무엇일지 생각해 보세요. 정해진 답은 없습니다. 스스로 생각하고 답을 찾아가면서 나에게 '자기돌봄'이 어떤 의미이고 무엇을 해야 하는지에 대해 정리해 보세요.

....

....

....

....

....

....

....

나를 온전히 사랑하고 나답게 성장하고 싶은 당신을 위한

지혜의 공간

　나와 내 삶을 돌보는 것은 여행을 하는 것과 같습니다. 좋은 여행은 목적지까지 가기 위해 서두르거나 경쟁하는 것이 아니라 잠시 멈춰서 햇볕을 쬐고 바람도 느껴 보고 달콤한 아이스크림을 한 입 맛볼 여유도 있어야 하겠지요. 자신을 돌보는 것 역시 마찬가지입니다. 자신을 돌본다는 분명한 목적이 있지만 달릴 필요도, 다른 누군가와 경쟁할 필요도 없습니다. 그저 일상을 살아가면서 '자기돌봄'이 필요한 순간에 자신을 돌봐 주면 됩니다. 여행하듯 자신을 돌본다면 그 과정이 주는 기쁨과 만족스러움을 충분히 느낄 수 있지 않을까요? 그래서 앞으로 우리가 해 나가야 할 과정을 '자기돌봄의 여정(旅程)'이라고 하겠습니다. '자기돌봄'으로 가는 첫 번째 여정은 무엇일까요?

　살면서 겪을 수 있는 슬픈 일 중 한 가지는 자기 자신이 누구인지 잊어버리는 것이 아닐까 합니다. 치매라고 불리는 알츠하이머에 걸린 사람을 보면 '나는 누구인지', '내가 어떻게 살아왔는지', '나는 무엇을 소중하게 생각하는지' 잘 기억하지 못합니다. 나 자신을 점점 잃게 되는 것이지요. 나를 잃는 것은 모든 것을 잃는 것이나 마찬가지입니다. 자신을 잃는다는 것은 자신이 누구인지 모르는 것이고 자신을 잘 모르는 사람은 진정으로 스스로를 돌볼 수 없습니다. 자신이 누구이고 무엇을 좋아하고 어떻게 살

고 싶은지를 모르면서 스스로를 돌보겠다고 하는 것은 내가 심은 씨앗이 무엇인지도 모르면서 싹이 나고 열매 맺기를 바라는 것과 같기 때문입니다. 나는 어떤 사람이고, 내가 좋아하는 것은 무엇이고, 나는 어떨 때 행복하며 무엇을 해야 살아 있음을 느끼는지를 알아야 그에 맞게 자신을 돌볼 수 있습니다. 자신을 아는 것이 '자기돌봄'을 위한 첫 번째 여정입니다.

자신을 돌보는 두 번째 여정은 '마음을 돌보는 것'입니다. 우리는 그동안 살아오면서 마음에 대해 깊이 관찰하고 마음을 돌보았던 경험이 없습니다. 마음을 잘 돌보는 방법을 배우지 못했고 옆에서 지켜본 경험도 없기에 마음을 다룰 줄 모르고 돌보는 것을 어려워하는 것 같습니다. 하지만 모든 일의 시작과 끝에는 마음이 함께합니다. 사랑을 시작할 때도 그 사랑이 끝날 때도 원하던 목표를 세웠을 때부터 그 목표가 이루어졌을 때까지 모든 삶의 순간순간마다 마음이 있습니다.

마음을 돌보지 못하며 사는 사람이 참 많습니다. 부모가 마음을 돌보지 못해 아이에게 상처를 줍니다. 상사가 마음을 돌보지 못해 직원들을 힘들게 하기도 하지요. 자식이 마음을 돌보지 못해 부모 가슴에 못을 박기도 합니다. 자신의 마음을 돌보지 못해 스스로를 힘들게 하기도 합니다. 모두가 마음을 돌보지 못해 어쩔 줄 모르는 사람들 같습니다. 눈에 보이지 않아 외면하기 쉽지만 나를 돌보기 위해 꼭 살펴 주어야 하는 것이 바로 마음입니다.

나를 돌보기 위한 마지막 여정은 '나의 삶을 돌보는 것' 입니다. 어린 시절 강낭콩을 키웠던 기억이 있습니다. 화분 속 흙에 씨앗을 담고 물을 주고 햇빛을 쬐어 주면 일주일쯤 지나 작은 싹이 올라옵니다. 또 열심히 물을 주고 햇빛을 쬐어 주면 어느새 줄기를 뻗고 쑥쑥 자라나 있지요. 그러다 조금 더 시간이 지나면 꽃을 피우고 열매를 맺습니다. 비로소 자기 몫의 성장을 다 한 것입니다. 지금 우리가 살고 있는 삶을 강낭콩에 비추어 본다면 어떨까요? 혹시 싹을 틔우다 말지는 않았나요? 줄기를 뻗으려고 했으나 더 자라지 못한 것은 아닌가요? 열심히 애썼지만 꽃을 피우고 열매를 맺지 못한 것은 아닌가요? 삶 속에서 나답게 아름다운 꽃을 피우지 못한다면 참으로 안타까운 일이 아닐 수 없습니다. 아름다운 꽃을 피운다는 것이 화려한 삶이나 성공한 삶을 의미하지는 않습니다. 내가 누구인지를 알고 내마음을 돌보고 내가 진정으로 원하는 삶으로 한 걸음 더 나아가는 것이 삶에서 아름다운 꽃을 피운다는 것의 진정한 의미입니다.

우리 안에는 싹을 틔우고 줄기를 뻗고 꽃을 피우고 열매를 맺을 준비가 다 되어 있습니다. 다만 아직 그것을 알아채거나 발견하지 못했을 뿐이지요. 진짜 나를 만나는 것, 나를 사랑하기 위해 내 마음을 돌보는 것, 내 삶을 돌보는 것이 지금부터 우리가 하나씩 차근차근 해 나가야 할 '자기돌봄'의 여정입니다.

치유와 성장의 공간

1. 내가 생각하는 '자기돌봄'의 의미는 무엇인가요?

2. 나 자신을 돌볼 때 어떤 것이 가장 중요하다고 생각하나요? 그 이유는 무엇인가요?

3. 나 자신을 돌보는 세 가지 방법인 '나를 아는 것', '내 마음을 돌보는 것', '내 삶을 성장시키는 것' 중 무엇에 중심을 두고 실행해 보고 싶나요? 그 이유는 무엇인가요?

4. '자기돌봄'을 방해하는 장애물은 무엇일까요? 그 장애물을 딛고 일어설 수 있는 방법에는 무엇이 있을까요?

5. 나를 돌보기 위해 지금 당장 실천할 수 있는 것은 무엇이 있을까요?

Part 2

자기돌봄, 나 만나기

Question 3

지난 시간,
어떻게 살아왔나요?

생각의 공간

지나온 삶을 떠올려 보세요. 기뻤던 기억, 슬펐던 기억, 사랑했던 기억, 이별했던 기억, 성공했던 기억, 좌절했던 기억처럼 과거 곳곳에 내 삶의 순간들이 존재합니다. 시간을 거슬러 가는 여행을 떠난 것처럼 태어난 순간부터 현재까지를 되짚어 보세요. 기억이 잘 나지 않는다면 자연스럽게 떠오르는 것들만 적어도 좋습니다.

나를 온전히 사랑하고 나답게 성장하고 싶은 당신을 위한

지혜의 공간

현재 나의 삶은 지나온 과거의 합이라고 할 수 있습니다. 때로는 넘어지고 때로는 성취하며 살아온 순간들이 모여 지금의 내 삶이 된 것이지요. 지나온 삶을 떠올리면 어떤 감정이 느껴지나요? 때로는 기억하기 싫을 만큼 힘들었을 것이고 때로는 잊고 싶지 않을 만큼 행복했을 것입니다. 그 모든 순간이 내가 살아온 삶의 흔적들입니다. 그 흔적들을 다시 한번 떠올리며 내가 어떻게 살아왔는지를 되돌아보는 것이 '나'라는 존재를 이해하는 출발점이 됩니다.

'자기돌봄 그룹 코칭'에서 만난 40대 후반의 K씨는 인생을 되돌아보라는 질문에 한참을 망설였습니다. 지나온 삶이 너무 힘들어서 다시 돌아볼 용기가 나지 않았기 때문입니다.

K씨는 어린 시절, 집이 너무 가난해 먹고사는 것이 힘들었고 빨리 성공해서 지긋지긋한 가난에서 벗어나고 싶었습니다. 그래서 잠을 줄여 공부하고 밥을 먹으면서도 책을 읽고 수학여행을 가서도 영어 단어를 외울 정도로 지독하게 학업에 매진했습니다. 마침내 그토록 원하던 명문 대학에 입학했고 졸업도 하기 전에 대한민국 최고 회사에 입사할 수 있었습니다. 이제부터 자신의 인생은 탄탄대로일 것이라 믿으며 최선을 다해 회

사 일에 몰두했습니다. 노력한 만큼 보상은 돌아왔고 동기보다 빠른 승진과 높은 연봉 등 원하는 것을 얻은 것 같았습니다. 그러나 시간이 흘러 40대 후반이 된 지금, 자신의 삶이 진실로 원하던 삶이 맞는지 확신할 수 없어 혼란스럽다고 했습니다. 그래서 그는 자신의 삶을 다시 돌아보기 시작했습니다.

과거를 돌아보면서 그가 깨달은 것은 성공만을 위해 달려가는 삶이 유일한 소망은 아니었다는 것입니다. 행복한 가정도 꿈꾸었고 조금 더 의미 있는 인생을 살고 싶은 마음도 있었음을 깨닫게 된 그는 자신이 살고 싶었던 삶으로 가기 위해 조금씩 새로운 도전과 시도를 하고 있습니다. 삶에 대한 나만의 답을 찾아가고 있는 것이지요.

과거를 돌아보는 것이 두렵거나 귀찮게 느껴질 수 있습니다. 그래서 과거는 다 묻어 두고 미래만을 생각하려 하기도 하지요. 하지만 과거를 돌아보지 않은 채 미래만을 바라본다고 해서 진정으로 자신이 기대하는 삶을 살 수 있게 되는 것은 아닙니다. 나는 그동안 어떻게 살아왔고 무엇에 도전했으며, 성취한 것은 무엇이었고 놓친 것은 무엇인지를 정리하다 보면 진정한 나 자신과 만나게 되고 나를 더 깊이 이해하게 됩니다. 두렵더라도, 귀찮더라도 지나온 삶을 돌아보세요. 그 시간들을 하나하나 되짚어 가다 보면 어느새 진짜 나 자신, 진짜 내가 원하는 삶과 마주하게 될 것입니다.

나를 온전히 사랑하고 나답게 성장하고 싶은 당신을 위한

치유와 성장의 공간

1. 인생 그래프 작성하기(뒷페이지에 작성법이 있습니다.)

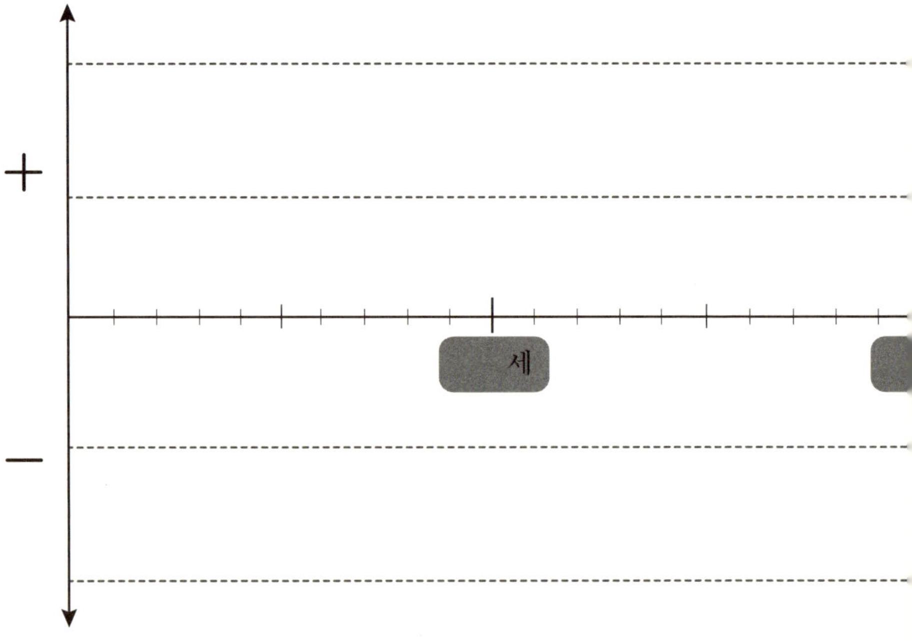

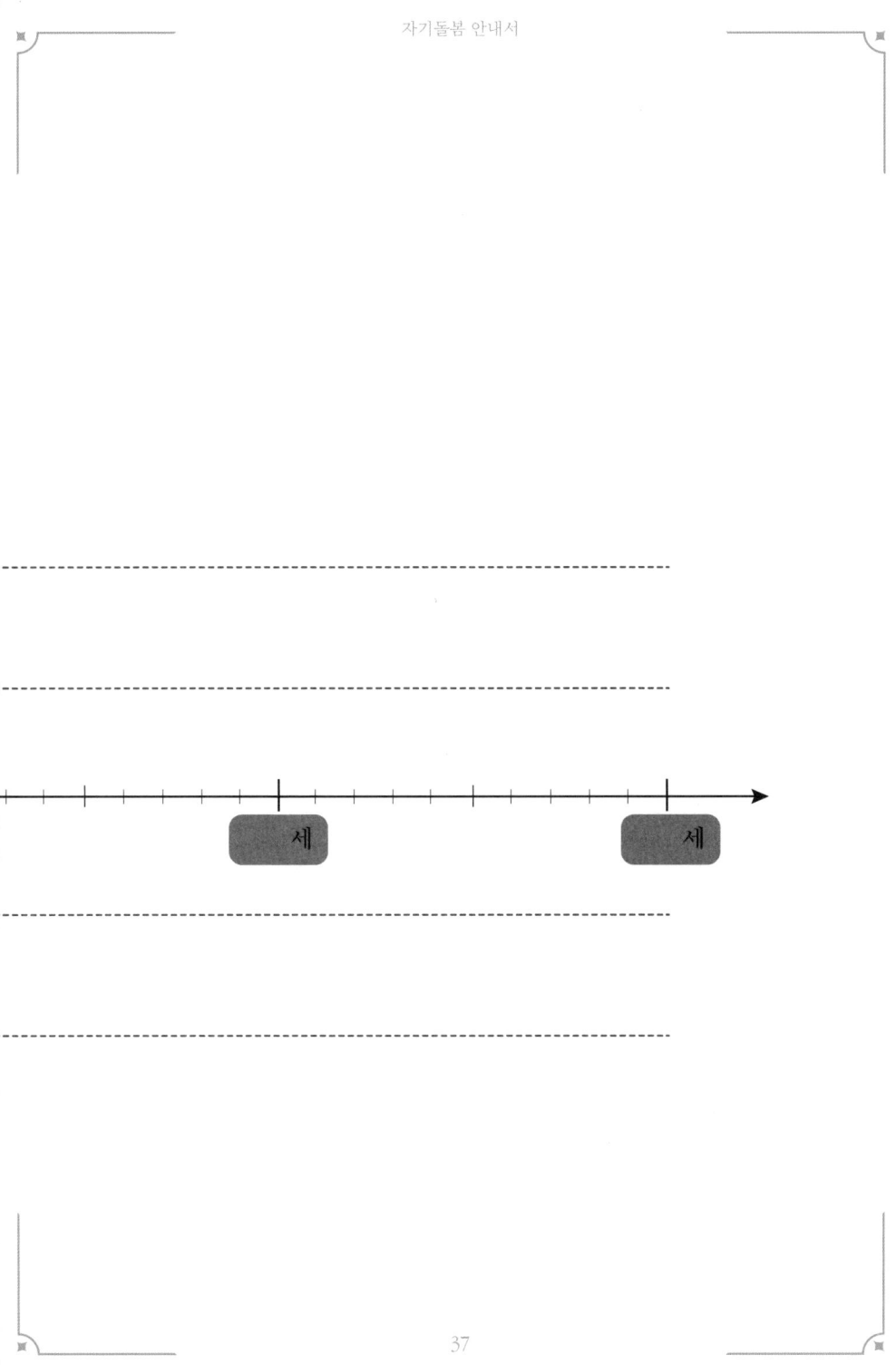

인생 그래프 작성하는 법

1) 가로축의 가장 오른쪽 끝 빈 네모 칸에 현재 나이를 적습니다.

2) 그 나이에서 10년을 뺀 나이를 왼쪽 빈 네모 칸에 적고 또다시 그 나이에서 10년을 뺀 나이를 왼쪽 빈 네모 칸에 적습니다.
이런 식으로 가장 왼쪽의 빈 네모 칸까지 채웁니다. 현재 나이가 20대 혹은 30대인 경우는 7년이나 5년 단위로 계산해 나이를 적으면 되고 70대 이상이라면 15년이나 20년 단위로 계산해 적으면 됩니다. 가로축의 눈금은 1칸마다 1년으로 생각하면 되는데 나이를 10년 단위로 끊지 않은 경우는 1년의 위치를 어림하면 됩니다.

3) 삶에서 중요했거나 기억나는 일들을 그래프의 가로선을 기준으로 위와 아래에 점을 찍어 표시합니다. 세로축에 있는 [+]는 성취나 긍정적 경험을 의미하고 [-]는 실패나 부정적 경험을 의미합니다. 성취 혹은 긍정적 경험인데 아주 강렬하거나 기억에 강하게 남을수록 위쪽으로 표시하고 중간 정도였다면 중간 가로선을 기준으로 표시합니다. 실패나 부정적 경험은 아래로 내려갈수록 강도가 강한 것으로 이해하면 됩니다.

4) 그때의 상황을 설명하는 핵심 단어를 적습니다. (예 : 대학 진학 실패)

5) 긴 시간을 돌아보는 것이니 여유를 가지고 천천히 조금씩 기록해도 좋습니다.

:··· 인생 그래프의 예시 ···:

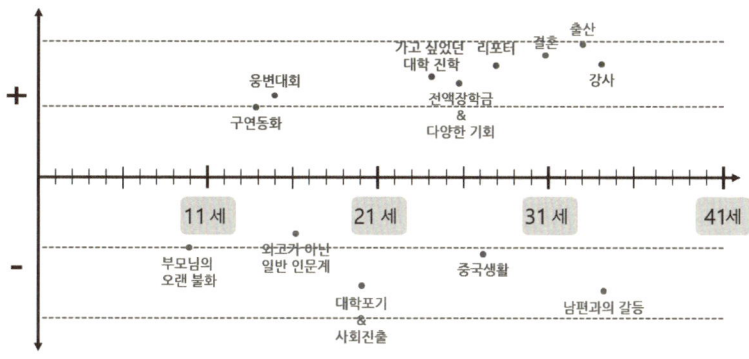

2. 작성한 인생 그래프를 보며 질문에 답을 적어 보세요.

  1) 행복했던 순간 중 가장 기억에 남는 3가지를 적어 보고 그 순간이 정말 행복했다고 생각하는 이유를 적어 보세요.

  ①

  ②

  ③

2) 힘들고 어려웠던 순간 중 가장 기억에 남는 3가지를 적어 보고 그 순간이 정말 힘들고 어려웠다고 생각하는 이유를 적어 보세요.

①

②

③

3. 내가 살고 싶은 삶과 가장 가까웠던 때는 언제였나요? 그 이유는 무엇인가요?

4. 지나온 시간 중 가장 후회되는 때는 언제였나요? 그 이유는 무엇인가요?

5. 10년 전의 나를 만난다면 무슨 이야기를 해 주고 싶나요?

6. 20년 전의 나를 만난다면 무슨 이야기를 해 주고 싶나요?

Question 4

어린 시절,
행복했나요?

생각의 공간

어린 시절을 떠올려 보세요. 그때의 나는 행복했나요? 아니면 슬펐나요? 혹은 두려웠나요? 지금부터 나의 어린 시절로 돌아가 보겠습니다. 태어나서 10대까지의 기억이나 경험 중 떠오르는 것들을 적어 보세요. 그 어떤 기억도 좋습니다. 돌아보기 두려울 땐 잠시 심호흡을 하고 밖으로 꺼낼 수 있는 것들만 적어 내려가 보세요.

지혜의 공간

 어른으로 살아가다 보면 마치 처음부터 어른이었던 것처럼 어린 시절이 낯설게 느껴질 때가 있습니다. 낯설고 어색하니까 잘 돌아보지 않게 되지요. 하지만 지금의 나는 어린 시절로부터 시작된 존재이고 어린 시절의 나의 경험과 감정이 지금도 여전히 영향을 주고 있습니다. 그러니 자기돌봄을 위해서는 어린 시절을 돌아보는 것이 꼭 필요하겠지요. 당신의 어린 시절은 어땠나요? 행복한 기억이 많았다면 그것으로 축복입니다. 불행한 기억이 많았다면 상처를 보듬고 안아 주어야 합니다. 아팠던 그때의 어린 나를 돌보지 않으면 현재의 나도 제대로 살아가기가 힘이 들기 때문입니다.

 어린 시절의 나를 바라보는 것을 '자기인식의 뿌리'라고 합니다. 나무는 뿌리가 생명의 근원입니다. 가지나 이파리에 상처가 났다고 해서 나무의 생명이 위험하지는 않습니다. 하지만 뿌리가 상하거나 문제가 생기면 나무의 생명에도 지장이 생기지요. 땅을 딛고 사는 사람도 마찬가지입니다. 사람에게 뿌리는 '어린 시절의 나' 입니다. 나의 뿌리를 꼼꼼히 살펴보고 상처가 남아 있다면 제대로 치유해서 뿌리가 잘 내릴 수 있게 도와주어야 합니다.

 '자기 인식의 뿌리'를 발견하기 위해 만나야 하는 것이 '내면 아이'입니다. 내면아이는 '어린 시절에 받은 상처와 아픔이 치유되지 않은 채 무의식에 존재하며 계속 아파하는 또 다른 자아'를 말합니다. 내면 아이가 받은 상처는 신체적 정신적인 학대만을 의미하는 것이 아니라 부모 혹은 형제, 그 외에도 여러 인간관계 속에서 입은 상처나 풀리지 않은 마음의 응어리 모두를 의미합니다. 상처는 덮어 두면 곪아 버립니다. 약도 발라 주고 관심을 주어야 새살이 돋아나지요. 몸의 상처를 살피듯 어린 시절의 나는 무엇 때문에 아팠고 힘들었는지 살펴 주어야 합니다.

한 초등학교 교사들과 자기돌봄 워크숍을 할 때 만난 Y 선생님의 이야기입니다. 선생님에게는 한 가지 고민이 있었습니다. 아이들의 어떤 잘못이나 실수도 다 이해가 되고 수용이 되는데 폭력의 상황을 목격할 때 폭발하듯 화가 치밀어 오른다고 했습니다. 한 아이는 맞고 있고 다른 아이는 때리고 있는 상황을 보게 되면 손쓸 새도 없이 불같이 화가 나서 폭력을 쓴 아이에게 폭발하듯 감정을 쏟아 낸 후 정신을 차리고 보면 반 아이들 모두가 겁먹은 채 자신을 바라보고 있다고 했습니다. 이런 일이 일어날 때마다 아이들에게 너무나 미안하고 자신이 교사 자격이 없다는 생각에 괴롭다고 말했습니다. 평소에는 아이들을 수용하고 보듬어 주는 Y선생님에게 왜 이런 일이 반복되는 것일까요?

선생님에게는 두 살 터울의 오빠가 있습니다. 어린 시절, 아버지는 오빠의 작은 실수나 잘못도 그냥 지나치지 않고 폭력으로 훈육했고 아버지에게 맞고 화가 난 오빠는 자신의 분한 마음을 동생에게 퍼부었습니다. 이런 불행한 경험이 선생님의 어린 시절 내내 쌓여 왔고 오빠를 체벌하는 아버지에 대한 극도의 두려움과 자신에게 화를 푸는 오빠에 대한 분노를 느꼈던 어린아이가 내면에 존재했던 것이지요. 그때는 어렸기에 무기력하게 당할 수밖에 없었지만 이제는 힘이 있는 어른이 되었으니 누군가가 일방적으로 당하는 폭력을 목격하게 되면 제어할 수 없는 큰 분노가 터져 나오는 것입니다.

누구라도 Y선생님처럼 기억하고 싶지 않은 어린 시절의 부정적인 경험이 현재의 나에게 영향을 미칠 수 있습니다. 그래서 내면 아이를 만나 그때 겪었던 아픔을 위로하고 공감해 주고 상처를 보듬어 주는 것이 자신의 상처를 치유할 뿐 아니라 자신을 이해하는 데 중요한 열쇠가 됩니다.

내면 아이를 만날 때에는 어린 시절에 상처를 준 누군가에게 원망을 쏟아 내는 것을 경계할 필요가 있습니다. 나는 그에게 사과를 받고 싶어 원망을 쏟아 내는 것이지만 정작 돌아오는 것은 '어쩔 수 없었다'는 변명이나 '뭘 유별나게 그러냐'는 방어일 뿐입니다. 상황이 이렇게 되면 또다시 상처를 받는 것은 나 자신입니다. 상대를 원망하기 전에 스스로 상처를 공감해 주고 어루만져 주는 것이 먼저입니다. 그들에게 잘못이 없다는 의미가 아닙니다. 그들을 탓하는 것만으로는 상처받은 내면 아이를 치유할 수 없음을 의미하는 것입니다. 미움 때문에 가장 괴로운 사람은 나 자신입니다. 사랑 덕분에 가장 행복한 사람 역시 나 자신이지요. 상대방에 대한 미움이 아닌 나에 대한 사랑을 선택한다면 그 에너지가 상처를 딛고 한 걸음 더 나아갈 수 있게 도와줄 겁니다. 당신의 선택은 무엇인가요? 그 선택이 더 이상 당신을 아프게 하는 선택이 아닌 상처를 치유하는 길이면 좋겠습니다.

나를 온전히 사랑하고 나답게 성장하고 싶은 당신을 위한

치유와 성장의 공간

1. 내면 아이 만나기

   1) 어린 시절에 가장 슬프고 불행했던 때는 언제였나요?
   그때 나는 어떤 생각을 했고 왜 슬프고 불행하다고 느꼈을까요?

   2) 어린 시절에 가장 무섭고 두려웠던 때는 언제였나요?
   그때 나는 어떤 생각을 했고 왜 무섭고 두렵다고 느꼈을까요?

   3) 어린 시절에 가장 화가 났던 때는 언제였나요?
   그때 나는 어떤 생각을 했고 왜 그토록 화가 났던 것일까요?

   4) 어린 시절에 가장 부끄럽고 창피했던 때는 언제였나요?
   그때 나는 어떤 생각을 했고 왜 부끄럽고 창피하다고 느꼈을까요?

2. 내면 아이와 대화하기

   1) 어린 시절 가장 슬프고 불행했던 때로 돌아간다면 어린 나에게 무슨 말을 해 주고 싶나요?

   2) 어린 시절 가장 무섭고 두려웠던 때로 돌아간다면 어린 나에게 무슨 말을 해 주고 싶나요?

   3) 어린 시절 가장 화가 났던 때로 돌아간다면 어린 나에게 무슨 말을 해 주고 싶나요?

   4) 어린 시절 가장 창피하고 부끄러웠던 때로 돌아간다면 어린 나에게 무슨 말을 해 주고 싶나요?

3. 내면 아이 치유하기

　　1) 당신은 아버지 또는 어머니의 어떤 점이 싫었나요?

　　2) 아래 네모 칸 안의 문장을 단답형이 아닌 문장형으로 최대한 진실되게 완성해 보세요.

　　(예 : 한 가정의 아버지는 **자식을 보듬고 사랑하며 따뜻**해야 하고
　　　　　　　　무책임하거나 아이들을 억압하면 안 된다)

　　┌─────────────────────────────────┐
　　│ 한 가정의 아버지는 _____ 해야 하고 │
　　│   │
　　│ _____ 안 된다.   │
　　│   │
　　│ 한 가정의 어머니는 _____ 해야 하고 │
　　│   │
　　│ _____ 안 된다.   │
　　└─────────────────────────────────┘

3) 2)번에서 적은 내용을 바탕으로 내가 부모에게 진정으로 원한 것은 무엇이었는지 생각해 봅니다. 충분히 생각한 후 네모 칸 안의 문장을 완성해 보세요.

(예 : 내가 어머니에게 가장 원했던 것은 **아버지에게 매 맞는 나를 지켜 주는 강인함과 아버지의 잘못을 깨닫게 하는 지혜로움**이었다.

그리고 가장 느끼고 싶었던 감정은 **따뜻함과 평온함**이었다.

내가 아버지에게 가장 원했던 것은 _____

_____ 이었다.

그리고 가장 느끼고 싶었던 감정은 _____ 이었다.

※

내가 어머니에게 가장 원했던 것은 _____

_____ 이었다.

그리고 가장 느끼고 싶었던 감정은 _____ 이었다.

4) 나에게 상처를 준 사람을 원망하지 않고 상처받았던 어린 나의 마음을 치유할 수 있는 방법은 무엇이 있을까요?

5) 내면 아이를 만나고 대화함으로써 배우게 되었거나 깨닫게 된 것이 있다면 그것이 무엇인지 적어 보세요.

Question 5

자신이 누구인지
알고 있나요?

나를 온전히 사랑하고 나답게 성장하고 싶은 당신을 위한

나는 나에 대해 얼만큼 잘 알고 있을까요? 내가 좋아하는 것은 무엇인가요? 나의 성격은 어떻지요? 나는 무엇을 이루길 원하나요? 화가 날 때는 어떻게 행동하나요? 나의 원칙들은 무엇인가요? 내가 누구인지를 설명할 수 있는 질문을 스스로에게 던져 보고 답을 하나씩 찾아가 보세요.

지혜의 공간

'세 가지 아주 단단하고 어려울 것들이 있다. 그것은 강철, 다이아몬드 그리고 자기 자신을 아는 것이다.'

벤저민 프랭클린(Benjamin Franklin)의 말입니다. 고대 그리스의 델포이 신전(Sanctuary of Delphi) 앞에는 '너 자신을 알라'는 문구가 적혀 있고 중국의 『손자병법』 모공 편(謀攻篇)에는 '지피지기(知彼知己)면 백전불태(百戰不殆)(적을 알고 나를 알면 백 번 싸워도 위태롭지 않다)'라는 말이 있지요. 동서고금을 막론하고 자기 자신을 온전히 이해하고 알아 가는 것은 인류에게 커다란 숙제였나 봅니다. 아주 오랜 시간을 자기 자신이 누구인지를 고민할 만큼 '자기 자신을 안다는 것'은 정말 중요한 일일까요?

강의나 코칭에서 만나는 사람들에게 '당신은 누구입니까?'라는 질문을 던지면 많은 사람들이 이렇게 답을 합니다.

"제 이름은 ○○○이고 ○○회사에 재직 중이며 가족은 저를 포함해 ○명이고 사는 곳은 ○○입니다."

대부분이 이와 비슷하게 자신을 소개할 것입니다. 그럼 한번 생각해 볼까요? 나의 이름, 내가 다니는 회사, 나의 직급, 가족 관계, 사는 곳 등 나를 둘러싼 환경이나 내가 획득한 지위, 관계가 정말 내가 누구인지를 설명할 수 있을까요? 내가 가졌다고 생각하는 것, 나를 둘러싼 환경, 나의 역할과 같은 조건이나 환경으로 '나'라는 존재를 설명할 수 있다고 생각하지만 이런 것들은 언제라도 한순간에 사라져 버리면 그만입니다.

몇 해 전 라이프 코칭을 통해 만난 60대 남성이 있었습니다. 기업 임원을 지내고 은퇴를 했는데 저를 만난 첫날 이런 이야기를 꺼냈습니다.

"대한민국 최고의 회사 임원을 지냈으니 그 당시에 얼마나 기고만장했겠어요. 제 명함만 딱 내밀면 사람들이 대하는 태도가 달라졌지요. 그때는 그게 저인 줄 알고 어깨에 힘주고 다녔습니다. 요즘 이야기하는 갑질도 직원들에게 했던 것 같구요. 은퇴를 하고 나자 그동안 나 자신이 아닌 회사의 이름으로 살아왔다는 것을 깨달았습니다."

내가 가진 것들과 환경, 관계처럼 나의 외부에 있는 것들로는 진정한 나를 설명할 수가 없습니다. 그렇다면 무엇으로 내가 누구인지를 설명할 수 있을까요?

나의 바깥이 아닌 안을 봐야 합니다. 내가 가졌다고 생각하는 것들은 나의 바깥에 있습니다. 바깥에 있는 것이 사라지면 나도 사라질 것 같은 불안에 빠집니다. 그래서 움켜쥔 손을 놓지 못하지요. 하지만 나의 바깥에 있는 것이 사라진다고 해서 내가 사라지는 것은 아닙니다. 그 모든 것이 사라져도 내 안에 있는 것은 남아 있습니다. 나의 바깥에 있는 것이 '나'라고 믿는 마음 때문에 진짜 내 안에 있는 것들을 찾지 못합니다. 내 안에 있는 소중한 것들은 늘 거기 존재해 있었습니다. 다만 우리가 발견하지 못했거나 외면했을 뿐이지요.

보이지 않는 내 안의 것을 보려면 '관찰(觀察)'을 해야 합니다. 관찰(觀察)의 의미는 자세히 보고 살핀다는 것입니다. 나 자신을 자세히 보고 살피려면 어떻게 해야 할까요?

'당신이 좋아하는 것이 무엇인가요?'라는 질문에 어떤 사람은 '영화 보기'라고 답했고 또 다른 사람은 '늦은 밤에 불 끄고 콜라랑 팝콘 먹으면서 액션 영화 보기' 라고 답했다면 둘 중 누가 더 자신을 잘 아는 것일까요? 맞습니다. 후자입니다. 그렇다면 누가 더 일상에서의 행복감을 자주 느낄까요? 맞습니다. 그 역시 후자입니다. 내가 나를 보다 더 자세히 그리고 정확하게 알고 있기 때문이지요. 꾸준히 자신에게 관심을 갖고 스스로에게 질문을 하는 것이 자신을 관찰하는 방법이고 자신을 관찰할수록 스스로를 조금 더 깊이 이해할 수 있게 됩니다.

자신이 누구인지 찾아가는 또 다른 방법은 내가 본 것, 들은 것, 느낀 것, 생각한 것과 같은 경험을 살펴보는 것입니다. 나는 내가 쌓은 경험이 더해져 만들어진 존재입니다. 자기계발서를 주로 읽는 사람과 소설을 주로 읽는 사람의 사고와 감성은 다릅니다. 자연을 충분히 느끼며 살아온 사람과 자연을 외면하며 살아온 사람 역시 다를 수밖에 없겠지요. '나'라는 존재는 경험과 분리되기가 어렵습니다. 그러니 나를 보다 명확히 이해하기 위해서는 경험을 '기록'하는 것이 도움이 됩니다. 시간이 흘러 예전의 일기장을 들췄을 때, 그때의 기억이 선명하게 되살아나고 내가 그때 어땠는지를 다시 떠올렸던 경험이 있지 않나요? 나의 일상과 경험을 매일매일 기록하는 것, 그리고 때때로 되짚어 보는 것이 나는 누구인지를 발견해 가는 좋은 방법 중의 하나입니다.

이 세상에 완전히 똑같은 사람은 없습니다. 생김새도 다르고 성격도 다르고 살아온 환경도 모두 다릅니다. 그래서 우리 모두는 각자만의 무늬를 가지고 있습니다. 그 무늬 중 어떤 무늬는 예쁘고 어떤 무늬는 밉다고 할 수 있을까요? 그 무늬의 모양이 어떻든 색깔이 어떻든 무늬 자체로 아름답습니다. 자신이 가진 무늬를 찾아보세요. 그리고 관찰해 보세요. 나만의 무늬를 발견할 때 비로소 '진정한 나'로 이 세상에 설 수 있습니다.

치유와 성장의 공간

1. 가운데 동그라미에 나의 이름을 적어 놓고 나 자신을 생각하면 떠오르는 단어, 생각, 감정 등을 자유롭게 생각나는 대로 적어 보세요. 선이 부족하면 더 그려 넣거나 연결하여 마인드맵처럼 작성해도 좋습니다.

2. 누군가에게 나를 소개하거나 설명한다고 가정하고 나에 대해 말할 수 있는 것들을 다음 표의 각 영역에 적어 보세요.

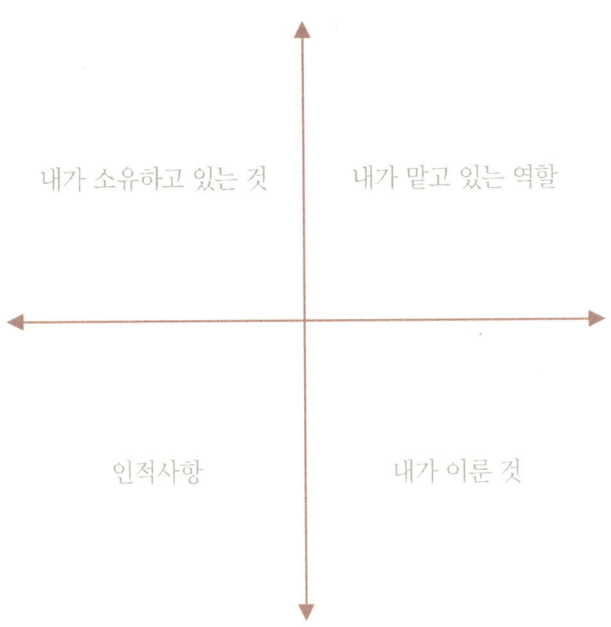

3. 위에서 적은 것들을 단 한 개도 넣지 말고 내가 누구인지 설명하거나 소개하는 글을 적어 보세요.

4. 당신을 동물에 비유해야 한다면 당신과 가장 가깝다고 생각되는 동물은 무엇인가요? 그 이유는 무엇이지요?

5. 당신을 잘 표현하는 색깔은 무엇인가요? 그 이유는 무엇이지요?

6. 당신은 무엇에 즐거움을 느끼나요? 그 이유는 무엇인가요?

7. 당신의 일이나 삶에서 진정으로 아끼고 사랑하는 사람들은 누구이며 그 이유는 무엇인가요?

8. 눈을 감고 천천히 호흡하며 지금까지 적은 것들을 바탕으로 내가 누구인지, 어떤 사람인지, 어떤 삶을 살기를 원하는지를 생각해 봅니다. 생각이 다 끝나면 정리된 것들을 바탕으로 신문 기사의 헤드라인을 쓰듯 나를 표현하는 하나의 문장을 완성해 보세요.

(예시 : Yellow Puppy 같이 **현**명하고 **정** 많은 나!)

한 문장으로 나 표현하기

Question 6

남들이 보는 나는
누구일까요?

다른 사람들은 나를 어떤 사람이라고 말하나요? 나에 대한 그들의 평가에 고개가 끄덕여질 때도 있고 납득이 안 될 때도 있을 것입니다. 그들의 말에 공감하기가 어렵더라도 나에 대한 타인의 이야기를 생각나는 대로 적어 보세요. 성격, 외모, 습관, 감성 그 무엇이든 좋습니다.

지혜의 공간

우리가 경계해야 할 것 중의 하나는 한쪽으로 치우친 시각으로 무언가를 바라보는 것입니다. 이럴 경우 볼 수 있는 시야가 좁아지고 다른 방향에서는 어떻게 보이는지 아예 모르게 됩니다. 결국 대상을 명확하게 보지 못하는 것이지요. 바라보고자 하는 대상이 무엇이든 '균형 잡힌 시각'으로 보는 것이 중요한 이유입니다. 나를 바라보는 것도 마찬가지입니다. 살아오면서 쌓인 경험과 견해에 의해 만들어진 나만의 시각에 다른 사람이 나를 보는 시각을 더해서 보아야 조금 더 균형 잡힌 시각으로 더 넓고 정확하게 나를 바라볼 수 있습니다.

아이가 아기였을 때 남편과의 육아관 차이로 다투던 중 남편이 이런 말을 했습니다. "당신은 애한테 분리 불안이 있어. 왜 이렇게 애한테 집착하는 거야?"라고 말이지요. 그 순간 가슴에서 무언가 확 치밀어 올랐습니다. 기분이 나빠진 저는 남편의 말을 애써 무시했습니다. 이 일이 있고 몇 주 후 친하게 지내는 후배가 집으로 놀러 왔습니다. 서너 시간 정도를 저와 이야기도 나누고 제 아이랑 놀기도 하면서 시간을 보냈는데 후배가 이런 말을 꺼냈습니다. "언니, 언니는 아이에 대해서 불안이 많은 것 같아. 아이가 스스로 할 수 있을 것 같은 것도 언니가 다 해 주려고 하네." 그 순간, 몇 주 전 남편이 했던 말이 떠올랐습니다. 후배의 말과 남편의 말이 같은 맥락이었습니다. 후배가 돌아간 후 두 사람이 평가한 나의 모습을 제3자가 보듯 다시 떠올려 보았습니다. 그리고 깨달았습니다. 내가 몰랐던 나를 타인은 알 수도 있음을 말이지요.

　내가 나를 보는 것과 상대가 나를 보는 것의 차이가 있을 때 상대의 견해를 아무렇지 않은 듯 대범하게 수용하는 것은 쉬운 일이 아닙니다. 불편하고 때로는 불쾌하기도 하지요. 그래서 타인에게 나에 대해 묻고 싶을 때는 그가 하는 말이 비난의 말이 아니라는 생각을 먼저 하고 듣는 것이 좋습니다. 나에 대한 상대의 평가가 비난으로 들리는 순간 불쾌해지고 온전한 수용이 어렵기 때문입니다. 나에 대해 누구에게 물을 것인지 그 대상을 선정하는 것 역시 중요합니다. 상대방에게 나에 대해 물었을 때 마치 기다렸다는 듯이 비난만을 쏟아 내는 사람이 있고 또 어떤 경우는 무조건적인 칭찬이나 모든 것이 좋다는 말만 늘어놓는 사람도 있습니다. 그 어느 쪽도 내가 진짜 누구인지, 어떤 사람인지 아는 데에는 도움이 되지 않습니다. 내가 발견하기 힘든 사각지대의 나의 모습까지 제대로 알고 싶다면 나를 아끼지만 나에 대해 솔직하게 이야기해 줄 수 있는 사람을 선택하는 것이 좋습니다. 이런 사람은 진실하게 의견을 말하면서도 무엇이 나에게 가장 이로울 것인지를 염두에 두고 말을 합니다. 가족이나 사랑하는 사람이 될 수도 있겠지만 이들이 반드시 이런 역할을 잘 해내는 것은 아닙니다. '내가 신뢰할 수 있는 사람', '인격적으로 성숙한 사람', '존경할 만한 사람'에게 부탁하는 것이 좋습니다. 대상을 선택할 때 때로는 나의 직관을 따르는 것도 좋습니다. 나와 아주 가깝지는 않지만 그 사람이라면 나에 대해 객관적으로 이야기해 줄 수 있을 거라는 믿음이 간다면 주저하지 말고 다가가 물어보세요. 기대하지 않았지만 오히려 더 만족스러운 결과를 얻을 수도 있습니다.

    나에게 보이지 않는 나를 보려면 타인의 관점으로 보아야 함을 받아들이고 그들의 말을 들어 보는 것이 좋습니다. 타인의 판단이나 평가를 비난으로 듣지 않도록 단단한 마음의 방패를 준비하고 그들의 이야기에 귀 기울여 보세요. 분명 새로운 나, 몰랐던 나를 발견할 수 있을 겁니다.

치유와 성장의 공간

1. 최소한 3명에게 아래의 질문을 하고 답을 들은 후 내용을 정리해 봅니다.

   1) 나는 무엇에 열정이 있는 사람 같나요?

   그들의 답 1 :

   그들의 답 2 :

   그들의 답 3 :

   2) 나는 어떤 성격의 사람 같나요?

   그들의 답 1 :

   그들의 답 2 :

   그들의 답 3 :

3) 내가 가장 부러울 때가 언제인가요?

그들의 답 1 :

그들의 답 2 :

그들의 답 3 :

4) 나는 어떨 때 화를 내거나 기분 나빠 하는 것 같나요?

그들의 답 1 :

그들의 답 2 :

그들의 답 3 :

5) 나는 어떨 때 행복해하거나 즐거워하는 것 같나요?

그들의 답 1 :

그들의 답 2 :

그들의 답 3 :

2. 1번에서 얻은 답을 살펴보며 내가 알지 못했거나 인정하고 싶은 않은 나의 모습은 무엇인지 적어 보세요. 그리고 어떤 생각과 감정이 드는지도 정리해 보세요.

1) 내가 알지 못했던 나 :

2) 인정하고 싶지 않은 나 :

3. 1번 질문의 답을 바탕으로 아래 표를 완성해 보세요.

나의 시선으로 바라본 나	1번 질문에 대해 나의 시선으로 답 적어 보기
타인의 시선으로 바라본 나	

4. 3번 표에 적은 내용을 비교해 보며 공통점과 차이점을 살펴본 후 최종적으로 나는 어떤 사람인지 정리해 보세요.

Question 7

있는 그대로의 나를
사랑하고 있나요?

나를 온전히 사랑하고 나답게 성장하고 싶은 당신을 위한

생각의 공간

내가 좋아하는 나는 어떤 모습인가요? 내가 싫어하는 나는 또 어떤 모습이지요? 나의 외모, 성격, 능력, 습관 어떤 것도 좋습니다. 내가 좋아하는 나, 내 마음에 들지 않는 나에 대해 적어 보세요.

....

....

....

....

....

....

....

....

지혜의 공간

어느 날 문득 이런 생각이 들었습니다. '이제껏 살아오면서 나를 온전히 사랑했던 적이 있었나?'하고 말이지요. 40대가 된 지금은 30대를 그리워하고 30대에는 20대를 그리워하며 살았습니다. 어느 때에도 그때 그 순간의 나를 있는 그대로 사랑하지 못했습니다. 내가 나를 사랑하지 못하니 주변에서 아무리 괜찮다고 해도 믿지 못하고 끊임없이 스스로를 검열하고 다그쳤습니다.

우리는 자기 자신을 진정으로 사랑하고 있을까요? 사랑이란 '어떤 사람이나 존재를 몹시 아끼고 귀중히 여기는 마음'입니다. 자신의 존재를 몹시 아끼고 귀중히 여긴다는 것은 물에 비친 자신의 모습을 사랑해 죽음에 이른 나르키소스가 느꼈던 나르시시즘이 아닙니다. 있는 그대로의 나를 아끼고 귀하게 여기는 마음입니다.

있는 그대로의 나를 사랑한다는 것은 자신을 차단하고 보호하는 것이 아니라 자신을 존중하는 것입니다. 존중은 나의 실수나 잘못을 자책하기보다는 실수나 잘못을 인정하고 앞으로는 어떻게 할 것인지를 생각하는 것입니다. 또한 다른 사람의 부탁이나 기대에 응하기 위해 나의 상황을 고려하지 않고 수용하는 것이 아니라 나의 상태와 상황을 먼저 고려하는 것입니다. 그리고 선택하는 것이지요.

　나를 사랑하는 것에는 조건이 필요치 않습니다. 내가 무엇이 되면, 내가 무엇을 하면, 내가 어떻게 하면 나를 사랑할 수 있다고 말한다면 그것은 이미 진정한 사랑이 아닙니다. 자신에 대한 조건을 걸지 않고 있는 그대로를 사랑할 때 마음의 결핍에서 벗어날 수 있습니다. 내가 나의 존재 자체를 귀하게 여기고 존중할 때 내가 꿈꾸던 충만하고 온전한 사랑이 내 안에 채워집니다. 스스로에 대한 진정한 사랑을 회복할 때만이 그 사랑의 에너지를 바탕으로 내 주변의 소중한 사람과 나의 일, 나의 삶에게도 사랑을 나누어 줄 수 있습니다.

　어느 가을날 붉게 물든 단풍을 바라보다 단풍이 아름다운 이유가 무엇일까 생각해 보았습니다. 단풍은 단 하나의 색이 아닙니다. 자세히 보면 똑같은 색이 없이 하나하나 다르고 그래서 알록달록하다는 것을 알 수 있습니다. 단풍의 색깔이 아무리 붉어도 단 하나의 색깔만 있다면 우리가 느끼는 감흥이 지금과는 많이 다르지 않을까요? 모두 다르지만 다른 것이 모여 조화를 이루고 있는 것이 단풍을 아름답게 보이게 합니다. 사람도 마찬가지입니다. 모두가 똑같은 사람만 있다면 그것만큼 지루하고 재미없는 세상은 없을 것입니다. 모두 달라서 재미있고 또 아름답습니다. 그럼에도 불구하고 우리는 누군가와 다른 나를 비교하고 다른 삶을 불안해합니다.

자기돌봄 코칭을 하며 만난 직장인 P씨의 이야기입니다. 그녀에게는 중학생 시절 단짝 친구가 있었는데 P씨가 먼 곳으로 이사를 가게 되면서 연락이 끊겼습니다. 시간은 흘러 친구를 점점 잊어 가던 어느 날, 친구가 TV에 나오기 시작하더니 순식간에 유명 스타가 되었습니다. 어릴 때 함께 놀던 친구가 스타가 된 것이 마냥 신기해서 응원도 하고 관심 있게 지켜보았는데 시간이 지날수록 자신의 삶과 친구의 삶이 비교가 되어 우울감에 빠졌습니다. 친구는 돈도 많이 벌고 사람들의 사랑을 받으며 살고 있는데 자신의 삶은 그에 비해 너무 초라하고 볼품없게 느껴졌던 것이지요. P씨의 상황에 대해 안타까움이 밀려오면서도 이런 일이 일어났을 때 의연하게 받아들일 수 있는 사람이 얼마나 될까 하는 생각이 들었습니다.

우리는 쉽게 비교의 늪에 빠집니다. 나보다 더 큰 집에 사는 친구, 나보다 더 좋은 직장에 다니는 동창, 나보다 더 잘난 동료, 나보다 더 성공한 것처럼 보이는 이웃 등 타인과의 비교는 끝이 없습니다. 비교에 매몰되어 나 자신에게 상처를 입히고 주변을 힘들게 합니다. 비교 심리로 인해 사교육 경쟁이나 과시적 소비가 성행하고 타인의 삶과 자신의 삶을 비교하며 쉽게 우울해지고 삶의 의욕을 잃기도 하는 것이 지금 우리의 현실입니다.

오늘 하루를 보내며 남과 자신을 비교하느라 시간을 낭비하지는 않았나요? 그로 인해 마음의 에너지가 소진되고 자신을 하찮은 존재로 여기거나 지나치게 실망하지는 않았나요? 지금 내가 하고 있는 비교가 나를 갉아먹는 건강하지 못한 비교라면 비교의 마음을 버리는 것이 좋습니다. 비교 대신 있는 그대로의 나를 받아들이고 사랑하세요. 그리고 나의 존재 자체, 내 삶 자체의 소중함을 발견해 보세요.

치유와 성장의 공간

1. 거울을 준비합니다. 그리고 거울을 통해 나의 눈을 바라봅니다. 어색함을 조금만 참고 나의 눈을 1분간 바라보세요. 진정한 만남은 눈을 바라보는 데서 시작합니다. 눈을 바라보며 떠오른 생각과 감정을 정리해 보세요.

2. 나 자신을 생각할 때 마음에 드는 점과 마음에 들지 않는 점을 생각나는 대로 적어 보세요.

마음에 드는 점	
마음에 들지 않는 점	

3. 2번에서 적은 '나에 대해 마음에 들지 않는 점'에 대해 당신의 가장 좋은 친구 혹은 가족이 당신을 위로해 준다면 그들은 뭐라고 말할까요?

4. 당신 자신의 존재의 가치가 어느 정도 된다고 생각하나요?

5. 부모님이나 가족은 당신의 가치를 어느 정도로 생각할까요? 내가 생각하는 나의 가치와 부모님이나 가족이 생각하는 나의 가치가 차이가 난다면 그 이유는 무엇일까요?

6. 언제 비교를 하게 되는지, 그 이유는 무엇인지 생각해 보세요.

7. 건강하지 못한 비교에 빠졌을 때 어떤 감정이 드나요?

8. 그 감정이 나에게 말해 주는 것은 무엇일까요?

Part 3

자기돌봄, 내 마음 안아주기

Question 8

내 마음을 보듬으며
살고 있나요?

생각의 공간

    마음과 대화해 보고 싶은 때가 있었나요? 마음을 다스리지 못해 힘들었던 때가 있었나요? 내 마음과 나누고 싶은 이야기를 떠올려 보세요. 어떤 내용이든 상관없습니다. 그동안 하지 못했던 이야기, 하고 싶었던 이야기를 마음을 터놓고 천천히 적어 내려가 보세요.

나를 온전히 사랑하고 나답게 성장하고 싶은 당신을 위한

지혜의 공간

　타인을 배려하고 공감하라고 배웠지만 쉽지가 않습니다. 무엇 때문일까요? 나 자신조차 온전히 공감하지 못하기 때문입니다. 자기 자신을 공감하지 못하면서 타인을 공감한다는 것은 걸음마를 떼기도 전에 뛰려고 하는 것과 같습니다. 나와 다른 생각, 다른 감정을 느끼는 타인을 공감하려면 에너지가 필요합니다. 그 에너지는 자기 자신을 공감하는 것에서부터 만들어집니다.

　누군가가 나의 말에 귀를 쫑긋 세우고 어떤 이야기를 할지 너무 궁금하다는 듯이 눈을 반짝이면서 나의 말 한마디에 집중하며 들어준다면 어떤 느낌이 들까요? 나 자신이 충분히 존중받고 있다는 느낌이 들지 않을까요? 편안함, 안정감, 충만함, 뿌듯함과 같은 감정들이 내 마음에 에너지를 가득 채워 줄 것입니다. 이런 감정들은 나를 더 좋은 사람이 되고 싶도록 만들어 줍니다. 자신에 대한 가치를 발견하게 해주기 때문이지요. 이렇듯 공감은 강력하고 좋은 에너지를 가지고 있습니다. 그런데 우리는 늘 타인에게서만 공감을 기대합니다. 그러니 만약 타인이 나를 공감해 주지 않는다면 공감이 주는 좋은 에너지를 기대할 수 없게 되는 것이지요. 공감의 열쇠를 쥔 사람은 타인이 아닌 나 자신이어야 합니다. 공감의 열쇠를 나에게 쥐어 준다면 어떤 일이 일어나게 될까요?

얼마 전이었습니다. 오전 일찍부터 강의가 있어 마음이 바빴습니다. 아이마저 늦잠을 잤고 등교 준비를 서둘러야 한다고 아이를 채근하고 잔소리를 하다 보니 아침부터 에너지가 소진되는 느낌이었습니다. 겨우 지각을 면할 시간에 아이가 등교하고 난 후 욕실에 들어섰는데 아이의 비염 치료를 위해 시작한 코 청소 물통이 사용되지 않은 채 그대로 있었습니다. 아이가 깜빡하고 그냥 등교를 한 것이지요. 그 순간 짜증이 밀려왔지만 일정이 있으니 얼른 집을 나섰습니다. 강의 장소로 가는 버스 안에서 마음을 가다듬고 생각과 감정을 따라가 보았습니다. 화가 난 이유는 두 가지였습니다. 코 청소를 하지 않으면 아이가 하루 종일 불편하지 않을까 하는 '걱정'이 한 가지 이유였고 두 번째 이유는 아이 스스로 자신이 해야 할 일을 잘했으면 좋겠다는 바람 때문이었습니다. 무엇 때문에 감정이 격해졌는지를 알아차리고 난 후 저 자신을 스스로 공감해 주었습니다.

'그래서 답답했구나', '그래서 안타까웠구나', '그래서 속상했구나'.

스스로를 공감하고 나니 마음이 한결 편안해짐을 느꼈습니다. 자기 공감은 자기 자신과의 거짓없는 대화로 시작합니다. 자기 자신과의 대화는 가장 친밀하고 솔직한 대화이지요. 감정적인 상황에서 내가 느낀 감정을 비난하거나 증폭시키는 것이 아니라 충분히 그럴 수 있다고 헤아려 주고 왜 그런 감정이 느껴졌는지 질문하고 답을 하면서 마음의 문제를 하나하나 풀어 나가는 것입니다.

스스로에게 질문을 하면 생각을 해야 합니다. 생각을 하게 되면 내면을 들여다보고 원인을 찾아야 하지요. 이런 과정 중에 어떤 감정이 느껴진다면 그 감정에는 충분히 공감해 주는 것이 좋습니다. 질문과 답, 생각과 공감을 반복하면서 내 마음을 따라가다 보면 강한 감정 때문에 아무런 생각을 하지 못하고 바로 반응하거나 행동했던 것과는 달리 자신이 왜 그랬는지 깨달음을 얻게 됩니다. 마음도 차분해지고 옳은 해결을 위한 지혜롭고 평화로운 방법도 찾게 되지요. 여기까지 오면 모든 것이 선명해지면서 스스로 문제를 해결했다는 '자기 효능감'이 올라옵니다. 다스리기 어려운 마음의 문제도 스스로 해결할 수 있다는 믿음이 생기는 것이지요. 이런 경험이 쌓이면 자기 비난이나 타인 비난에서 벗어날 수 있게 되고 스스로 마음을 치유할 수 있게 됩니다.

마음에 소용돌이가 휘몰아칠 때 나 또는 상대방을 탓하지 말고 자기 자신과 대화하고 스스로를 공감해 보세요. 마음에는 에너지가 채워지고 그 에너지를 통해 보다 더 충만한 하루를 보낼 수 있습니다.

1. 누구에게나 마음이 있습니다. 내 마음은 어떤 모양을 하고 있을까요? 내 마음의 모양을 그려 보세요.

2. 위와 같은 모양으로 그린 이유는 무엇인가요?

3. 1번에서 그린 내 마음 안에 '나와 나누고 싶은 이야기'를 적어 보세요.

4. 마음을 돌본다는 것은 어떤 의미할까요?

5. 마음을 잘 돌보게 된다면 나와 내 삶이 어떻게 달라질까요?

6. 만약 내 마음 안에 버튼이 있다면 그 버튼은 어떤 기능을 가지고 있을까요? 내 마음에 필요한 기능을 적어 보세요.

Question 9

나에게 '괜찮다'고
말해본 적 있나요?

생각의 공간

내가 미울 때는 언제인가요? 나를 탓하게 되는 때는 언제이지요? 내가 한없이 부족하게 느껴질 때는 언제인가요? 내가 싫었던 때, 미웠던 때, 용서하기 힘들었던 때, 모든 것이 내 탓으로만 느껴졌던 때를 떠올려 보세요. 그리고 그때의 상황과 그 상황에서 느낀 나에 대한 감정, 나에 대해 든 생각을 하나하나 적어 보세요.

지혜의 공간

　실수나 잘못을 지울 수 있는 지우개가 있다면 좋겠다는 생각이 들 때가 있습니다. 내가 한 실수나 잘못이 계속해서 나를 괴롭히기 때문입니다. '그때 왜 그랬을까?', '그런 말은 하지 말았어야 했는데', '나는 왜 이렇게 한심한 걸까?' 이런 생각이 꼬리에 꼬리를 물며 결국 스스로를 비난하고 더 심하게는 미워하게 됩니다. 나를 사랑하기에도 짧은 시간을 스스로를 탓하거나 미워하며 보내기에는 너무 아깝다는 생각이 들지 않나요? 어떻게 해야 자기 비난의 꼬리 물기를 멈출 수 있을까요?

　만약 친구나 동료가 당신을 찾아와 자기 자신에 대해 혹은 자신의 실수나 잘못에 대해 한없이 자신을 탓하고 미워하고 자책을 한다면 그에게 무엇이라고 이야기할 것인가요? 친구가 말한 대로 모든 것이 너의 잘못이고 너 때문에 일어난 일이니 모든 것을 책임지고 스스로를 미워하라고 할 것인가요? 아마도 아닐 것입니다. 안타까워하고 연민을 느끼겠지요. 그리고 위로할 것입니다. 이런 일은 언제든 일어날 수 있고 누구나 실수할 수 있는 것이라고 말이지요. 그럼 친구는 마음의 위안을 얻고 당신에게 고마워하며 다시 앞으로 나아갈 수 있는 마음의 에너지를 채우게 될 것입니다. 이렇게 우리는 내가 아닌 누군가에게는 한없이 넓은 아량을 베풀고 이해해줍니다. 그런데 정작 자기 자신에게는 무척이나 냉정해지지요. 마치 내 안에 차갑고도 철저한 B사감이 있는 것처럼 말입니다. B사감의 목소리에는 배려가 없습니다. 온기도 없지요. 그러니 B사감의 눈으로 나를 바라볼 때 그 시선이 얼마나 따갑고 아플까요? 우리에게는 냉정하고 철저하게 스스로를 판단하고 평가하는 시선이 아니라 마음이 힘든 누군가를 감싸 주고 싶고 안아 주고 싶은 그 마음 그대로 나 자신을 대하는 것이 필요합니다. 비난을 한다고 해서 두 번 다시 실수하지 않는 것이 아니니까요. 탓을 한다고 해서 두 번 다시 잘못하지 않는 것이 아니니까요. 비난과 자책은 내 마음을 아프게 할 뿐 문제를 해결하는 데 별 다른 도움이 되지 못합니다.

저는 설거지하는 것을 좋아하지 않습니다. 설거지를 할 때 그릇을 깨트렸던 경험이 많아 또 그릇을 깨지 않을까 하는 두려움 때문입니다. 하지만 가정을 꾸리고 살림을 하다 보니 설거지를 피할 수가 없었습니다. 그래서 저 자신과 대화를 시작했지요.

'그동안 설거지할 때 실수했던 일이 떠오르면 마음이 불안하고 두려워지는구나. 그때마다 나 자신을 비난하고 자책하면서 나를 더 힘들게 했던 것이 속상했지? 하지만 그릇을 깨지 않고 설거지를 하는 것이 정말 너의 삶에서 중요한 일일까? 누구나 그릇을 깰 수 있어. 그릇을 깨지 않고 설거지를 한다고 해서 완벽한 사람이 되는 것은 아니야.'

걱정과 두려움이 올라올 때마다 자기 대화를 했고 횟수가 쌓여 가자 스스로를 자책하고 불안해하던 마음이 조금씩 사라져 갔습니다. 실수하는 횟수도 줄어들었지요. 비난과 자책 대신 자신에 대한 용서와 격려가 큰 힘을 발휘한다는 것을 깨닫게 된 순간이었습니다. 자기 비난의 목소리가 들릴 때는 그 목소리에 집중하지 말고 스스로를 감싸고 보듬는 것에 집중해 보세요. 내 마음 안에 충만한 에너지가 채워질 것입니다.

자기 비난을 멈추고 자기 용서를 하기 위해서는 스스로에 대한 기대나 기준을 너무 높게 잡은 것은 아닌지, 그리고 결과에 대한 평가의 강도가 지나치게 강한 것은 아닌지 점검해 보는 것이 필요합니다. 나 그리고 내 삶은 학교에서 점수를 매기듯 A에서 F 학점으로 평가받을 수 있는 것이 아닙니다. 살면서 실수를 하거나 실패를 하는 것은 삶의 자연스러운 과정일 뿐이니까요.

우리는 완벽한 존재가 아닙니다. 또한 완벽하게 살기 위해 세상에 온 것도 아니지요. 의도와 다르게 실수를 할 수 있습니다. 예상하지 못한 실패나 잘못을 할 수도 있지요. 그럴 때 우리에게 필요한 것은 비난과 자책과 같은 다그침이 아니라 삶이 처음이라 서툰 나를 연민의 눈으로 바라보는 것입니다. 자신을 미워하지 마세요. 그 누구보다 먼저 자신을 이해하고 용서해야 합니다. 그리고 그 결과에 대해 성숙하고 지혜롭게 해결해 가는 것이 나와 내 삶을 돌보는 현명한 선택입니다.

치유와 성장의 공간

1. 주로 어떤 상황에서 자신을 탓하게 되나요?

2. 자신을 탓하는 것이 문제를 해결하는 데 도움이 되었나요?
도움이 되지 않았다면 문제를 해결하기 위한 방법으로 스스로를 탓하는 대신 어떻게 하는 것이 좋을까요?

3. 과거에 있었던 일을 자꾸 다시 돌아보는 것을 반추(反芻)라고 합니다. 내가 자주 하게 되는 반추는 무엇인가요? 그 상황에서 나의 생각과 감정은 무엇이었는지 적어 보세요.

4. 반추를 하는 것이 내 마음을 편안하게 하는 데 도움이 되나요? 도움이 되지 않는다면 어떻게 해야 반추를 멈추고 자기 비난을 끝낼 수 있을까요?

5. 나에게 가장 미안했던 기억을 떠올려 보세요, 그리고 그때의 나에게 편지를 써 보세요.

Question 10

마음을 다스리며
살고 있나요?

생각의 공간

마음에 폭풍우가 휘몰아치는 때는 언제인가요? 그때 보통 어떤 선택을 하나요? 내가 자주 선택하게 되는 것들을 적어 보고 그 선택들이 나의 마음을 다스리는데 도움이 되는지 생각해 보세요.

....

....

....

....

....

....

....

나를 온전히 사랑하고 나답게 성장하고 싶은 당신을 위한

지혜의 공간

　마음이 흐린 날이 있습니다. 머릿속은 복잡하고 조율되지 않은 감정은 수시로 튀어나오고 쉽게 가라앉히기도 힘든 그런 날 말입니다. 이런 날에는 결국 자책을 하거나 상대방을 탓하게 됩니다. 그럴수록 내 마음은 더욱 불편해질 뿐이지요. 마음을 잘 다스릴 수 있다면 삶이 조금은 더 편안해질 텐데 쉽지가 않습니다. 어떻게 해야 마음을 잘 다스리며 살 수 있을까요?

　마음을 이야기할 때 **빼놓을** 수 없는 것이 바로 '감정'입니다. 저 멀리 사랑하는 사람이 뛰어오면 기쁨과 반가움의 감정이 느껴지면서 몸의 긴장이 풀리고 편안해집니다. 반면에 험상궂은 사람이 나를 향해 저벅저벅 걸어오면 두려움과 공포가 느껴지고 몸이 잔뜩 긴장하게 되지요. 이렇게 상황에 따라 마음에서 느껴지는 감정이 달라지고 우리 몸 역시 다양한 반응이 나타납니다. 감정이 몸과 마음에 큰 영향을 미치는 것입니다. 그러니 마음을 다스릴 때 감정을 **빼놓을** 수가 없는 것이지요.

　미국의 심리학자인 필립 브릭먼(Philip Brickman)은 감정에 대해 흥미로운 실험을 했습니다. 서로 다른 두 집단에서 감정이 어떻게 변화되는지를 관찰했는데요. 한 집단은 근래에 복권에 당첨된 사람들이었고 다른 집단은 최근에 사고를 당해 장애를 입은 사람들이었습니다. 이들의 행복감에

대한 정도를 측정해 보니 복권에 당첨된 집단은 행복도가 크게 증가했고 사고를 당한 집단은 행복도가 크게 낮아졌습니다. 그런데 이런 결과는 누구라도 예측할 수 있는 것입니다. 필립 브릭먼이 진짜 알고 싶었던 것은 일정한 시간이 흐른 뒤 이들이 느끼는 행복도의 변화였습니다. 몇 개월의 시간이 흐른 뒤 두 집단의 행복도를 다시 조사했습니다. 그 결과, 복권 당첨자들과 사고를 당한 사람들 모두 특별한 경험을 하기 이전의 감정 상태로 돌아갔습니다. 이 실험을 통해 우리가 알 수 있는 것은 '극적인 상황 직후에 느꼈던 감정이 어느 정도 시간이 흐르면 살아오면서 자신이 반복적으로 느낀 감정 상태로 돌아간다는 것'입니다. 특정한 감정이 반복되면 자신도 모르게 그 감정이 습관이 되고 습관이 되어 버린 감정은 자극이 발생할 때마다 튀어나오게 됩니다. 결국 습관처럼 일어나는 '감정' 때문에 마음을 다스리기가 더 어려워지는 것이지요. 그래서 '감정'을 올바르게 이해하고 알아차리는 것이 마음을 다스리는데 꼭 필요한 것입니다.

감정에는 한 가지 재미있는 특징이 있습니다. 강렬한 감정이 나를 뒤흔들 때 그 감정이 무엇인지 알아차리고 이름표를 달아 주면 감정의 강도가 약해진다는 것입니다. 길에서 만난 어떤 아이의 이야기입니다. 아이가 아이스크림을 사 먹으려고 동전 몇 개를 손에 쥐고 뛰어가다가 넘어지는 바람에 동전을 떨어뜨렸고 그중 몇 개를 찾지 못해 발을 동동 구르고 있었습니다. 금방이라도 울음을 터트릴 것 같은 모습이 안쓰러워 말을 건넸지요.

"아이스크림이 먹고 싶어서 신나서 뛰어왔을 텐데 잃어버린 동전을 찾을 수 없어 너무 속상했겠다. 동전 못 찾을까 봐 걱정됐지? 아줌마도 어릴 때 그랬던 적이 있는데 정말 눈물 날 만큼 슬펐어." 그러자 아이는 눈물이 그렁그렁한 눈으로 저를 바라보더니 이렇게 말했습니다.

"아줌마도 그랬어요? 그럼 저랑 같이 동전 좀 찾아 주시겠어요?"

눈물이 가득 찼던 눈에는 어느새 동전을 찾을 수 있겠다는 기대감이 스며 있었습니다. 슬픔과 걱정으로 가득 찬 아이의 감정이 진정된 것이지요. 만약 이때, 그러게 왜 칠칠맞지 못하게 동전을 떨어뜨렸냐고 아이를 타박했다면 아이는 결코 눈물을 참지 못했을 것입니다. 또한 해결 방법을 찾지도 못했겠지요. 자신이 느낀 감정을 알아차리는 것만으로도 우리는 자신을 조금 덜 아프게 하고 더 좋은 해결책을 찾아갈 수 있습니다. 감정을 알아차리는 것에도 방법이 있습니다.

아끼는 지갑을 잃어버렸을 때 어떤 감정이 들까요? 무단 횡단을 하다가 경찰에게 적발되었다면 어떤 감정이 들까요? 이 두 가지 상황에서 느껴지는 감정은 분명 다릅니다. 그런데 감정을 세세하게 구분하는 경험을 하지 못했다면 각각의 상황에서 다르게 느껴진 감정을 구분해 내는 것을 어려워합니다. 그래서 두 경우 모두를 분노 혹은 짜증이라고 답하는 경우가 흔합니다. 물론 분노나 짜증의 감정이 느껴질 수 있습니다. 하지만 분노나 짜증을 느끼기 전에 그 보다 먼저 발생한 감정이 있습니다. 앞의 상황으로 돌아가 볼까요? 지갑을 잃어버렸을 때는 무언가를 잃어버린 것이기 때문에 상실에서 오는 '슬픔'이라는 감정이 먼저 일어납니다. 무단 횡단은 규칙을 어긴 상황을 들킨 것이므로 '창피함'과 '부끄러움'이라는 감정이 먼저 일어나지요. 이렇게 분노나 짜증 이전에 느껴진 1차 감정이 있었음에도 감정을 세세히 알아차리지 못하면 가장 강렬한 짜증이나 분노만 마음에 들어오게 됩니다. 근본적인 감정을 잘 알아차리지 못하니 쉽게 욱하게 되고 어떻게 할 사이도 없이 불같이 화를 내게 되는 것이지요. 감정을 알아차리기 위해서는 감정을 잘 구분하는 것이 도움이 됩니다.

감정을 잘 알아차리려면 일상에서의 감각을 민감하게 열어 두는 것이 좋습니다. 뺨을 스치고 지나가는 바람, 낙엽을 밟는 소리, 사랑하는 사람의 눈빛, 향긋한 빵 굽는 냄새처럼 작고 사소하지만 우리 마음에 특정한 감정을 느끼게 해 주는 상황들은 얼마든지 있습니다. 일상에서 느껴지는 감정에 민감해지면 나를 힘들게 하는 내 안의 감정들을 발견하는 것이 훨씬 수월하게 다가오게 됩니다.

마음에서 느껴지는 감정에 말을 건네 보세요. '그래서 그런 감정을 느꼈구나. 그 감정이 마음을 힘들게 했구나.' 하고 말이지요. 감정에 이름을 붙여 주고 공감해 주면 감정은 어느새 진정이 됩니다. 감정이 나를 흔들 때 외면하거나 휩쓸리는 대신 있는 그대로 바라보고 이름을 불러 준다면 마음에 평화와 안정감이 찾아올 것입니다.

나를 온전히 사랑하고 나답게 성장하고 싶은 당신을 위한

치유와 성장의 공간

1. 지금 이 순간 마음에서 느껴지는 감정은 무엇인가요?

2. 우리가 느낄 수 있는 감정은 아주 많습니다. 내가 알고 있는 감정 단어를 생각나는 대로 적어 보세요. 다 적은 후 감정 단어 목록(부록_210p)을 보며 내가 쓴 감정 단어가 포함되어 있는지 확인해 보세요.

3. 감정은 마음을 통해 나오지만 감정에 대한 반응은 우리 몸에서도 나옵니다. 그림 아래에 적힌 감정을 느꼈을 때 내 몸의 어느 부위가 어떻게 반응할지 색깔을 칠해 보거나 그림을 그려 보세요. 정해진 답은 없습니다. 내가 하고 싶은 대로 표현하는 것이 가장 좋습니다.

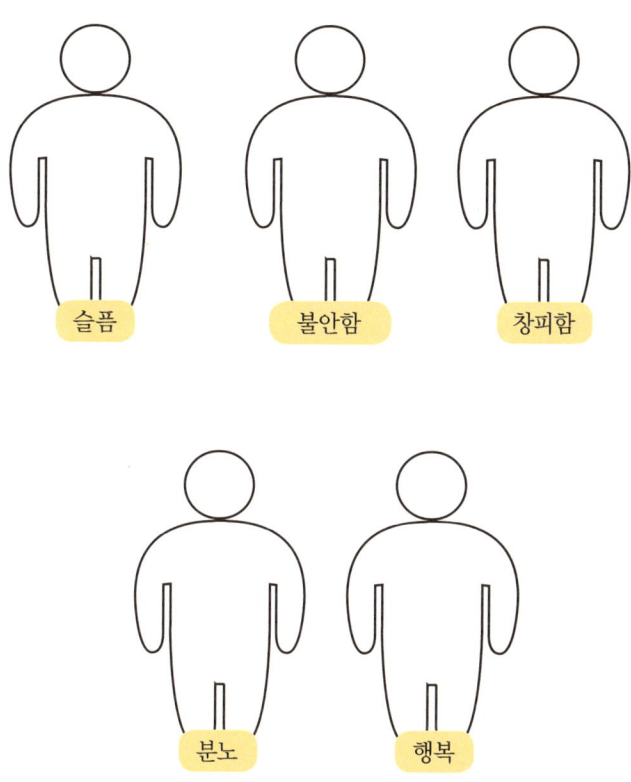

4. 근래에 감정적으로 힘들었거나 감정이 격해졌던 일을 떠올리며 어떤 상황과 감정이었는지 감정 단어 표(부록_210p)를 참고해 찾아보세요.

   1) 상황 :

   2) 감정 :

5. 감정이 격해졌을 때는 1초 마다 한 번씩 6번 호흡하는 '6초 호흡'이 도움이 됩니다. 만약 5번의 상황에서 6초 호흡을 했다면 결과가 어떻게 달라졌을까요?

6. 각각의 감정이 언제 일어나고 그럴 때 나는 어떻게 하는지 칸을 채워 보세요.

(예 : 나는 <u>지저분한 집을 볼 때</u> 화가 나. 그럴 때 나는 <u>폭발해.</u>)

나는 _____ 때 화가 나.

그럴 때 나는 _____

나는 _____ 때 슬퍼.

그럴 때 나는 _____

나는 _____ 때 두려워.

그럴 때 나는 _____

나는 _____ 때 자책해.

그럴 때 나는 _____

Question 11

무엇이 내 감정을
흔드나요?

생각의 공간

감정을 다스리고 싶지만 잘되지 않을 때가 많습니다. 마치 보이지 않는 무엇인가가 방해하는 것처럼 말이지요. 무엇이 나의 감정을 흔드는 것일까요? 어떤 상황이나 말을 들었을 때 부정적인 감정이 올라오나요? 그때 나는 어떤 생각이 드는지 적어 내려가 보세요.

나를 온전히 사랑하고 나답게 성장하고 싶은 당신을 위한

　운전을 할 때 매너 없이 끼어들거나 위험하게 운전하는 운전자를 보면 화가 납니다. 그런데 화가 쉽게 가라앉지 않을 때가 있습니다. 생각이 끼어들 때 그렇습니다. 생각을 하면 할수록 감정의 강도가 더 세집니다. 감정이 격해지면 싸움이 나기도 하지요. 이때 어떤 생각 때문에 감정의 강도가 세지는 것일까요? '기본이 안 됐다', '매너가 없는 인간이다', '남에게 피해를 주는 나쁜 사람이다', '저런 인간은 운전을 못 하게 해야 한다'. 이런 생각들 때문입니다. 만약 이렇게 자동적으로 떠오르는 생각을 멈춘다면 결과는 어떻게 달라질까요?

　근래에 감정이 격해졌던 때를 떠올려 볼까요? 그때 내가 한 생각은 무엇이었지요? 그 생각이 내 감정을 증폭시킨 것은 아닐까요? 감정이 격해지는 상황이 발생한 후 영화 필름을 앞으로 돌리듯 상황을 되짚어 보면 처음 든 생각부터 마지막 생각까지 생각의 강도가 점점 커지는 것을 알 수 있습니다. 처음에는 작은 생각이었던 것이 꼬리를 물면서 점점 커지다가 마지막에는 상대 혹은 상황에 대한 비난, 분노의 표출로 마무리가 됩니다. 생각과 감정은 실과 바늘 같아서 생각이 증폭되면 감정 역시 증폭됩니다. 마음을 다스리는 것의 출발은 감정을 알아차리는 것인데 감정을 알아차리기도 전에 끼어드는 '생각'이 감정의 조율을 방해합니다. 여기에서

말하는 생각은 '판단'이고 '판단'은 다시 '평가', '분석', '해석', '상상의 나래' 등으로 나뉩니다.

"쟤는 왜 저렇게 소심하지?" → 평가
"계속 저렇게 가다가는 불량 청소년이 되지 않을까?" → 분석
"날 째려보는 것을 보니 날 미워하는 게 분명해." → 해석
"이렇게 스트레스 받다가는 죽어 버릴 것 같아. 내가 죽으면 누가 슬퍼할까? 아무도 없겠지? 아, 나라는 존재는 아무 쓸모가 없어." → 상상의 나래

이런 판단의 생각들이 감정을 일으키는 것이지요. 감정이 소용돌이칠 때 생각을 멈추지 않으면 감정에 휩쓸리게 됩니다.

자기돌봄 강의에 참여한 사람들에게 물었습니다.
"여러분은 어떤 상황에서 어떤 생각이 자동적으로 떠오르시나요?"
"아이가 스마트폰을 손에서 못 뗄 때 '한심하다'고 생각해요."
"지각하는 부하 직원을 볼 때 '저렇게 자기 관리를 못 하니 저 모양이지.' 하는 생각을 하게 돼요."
"의견을 말해 보라고 해서 말을 하면 말도 안 되는 비현실적인 의견이라며 묵살하는 상사를 볼 때 '저런 꼰대 같은 인간, 저러니 사람들이 다 싫어하지', 이런 생각이 들어요."

여러분도 위와 같은 상황에서 같은 생각이 떠오르나요? 그럴 수도 있고 아닐 수도 있습니다. 상황에 대한 반응은 사람마다 모두 다르기 때문입니다. 하지만 생각의 내용은 다르더라도 누구나 각자만의 자동적인 생각의 패턴이 있습니다. 우리가 의식도 하기 전에 자동적인 생각이 떠오르고 그에 따른 반복적인 반응 패턴이 나오는 데에는 몇 가지 이유가 있습니다.

첫 번째 이유는 나는 옳고 너는 틀렸다는 확고한 믿음 때문입니다. 저는 오랜 시간 감정과 마음에 대해 공부를 했기 때문에 감정이나 마음에 관련된 문제를 해결하려면 내 방식대로 하는 것이 맞다고 생각하는 경우가 많습니다. 특히 남편이 아이를 훈육할 때 잘못된 방식으로 접근하면 남편을 지적하게 되고 저의 방식을 강요합니다. 훈육에 반드시 하나의 정답만이 있는 것이 아님에도 '내가 맞고 너는 틀리다'는 믿음 때문에 상대가 틀렸다는 자동적인 생각 패턴이 나타나는 것이지요.

자동적인 생각 패턴이 나오는 두 번째 이유는 '반드시 ~해야만 해'라고 여기는 원칙이나 신념 때문입니다. 만약 '아랫사람은 윗사람을 공경해야 한다'는 원칙을 가졌다면 부모의 말을 잘 듣지 않는 아이를 볼 때, 부하 직원이 상사인 나의 말을 잘 수용하지 않을 때 '건방지다', '버릇이 없다' 같은 자동적인 생각이 떠오릅니다. 자동적인 생각이 꼬리를 물면 감정의 강도도 강해져 지혜롭지 못한 선택을 하게 되고 나와 상대방 모두에게 좋지 않은 결과를 만들게 됩니다.

바람이 세게 불어 물결이 출렁거릴 때는 강물 속이 잘 보이지 않습니다. 하지만 바람이 멈추고 물결이 잠잠해진 후에는 언제 그랬냐는 듯 강물 속이 훤히 드러나지요. 물고기도 보이고 수초도 보이고 모래와 돌도 보입니다. 흐릿했던 눈앞이 선명해집니다. 우리 마음도 이와 다르지 않습니다. 감정이 격해지고 도저히 마음을 다스리기 힘들 때 바람이 멈추길 기다리듯 생각을 멈추고 마음을 들여다본다면 무엇때문에 마음이 힘든지를 알게 되고 어떻게 해야하는지 스스로 답을 찾아가는 마음의 주인으로 살아갈 수 있습니다.

치유와 성장의 공간

1. 다음 상황에서 떠오른 생각이 '평가', '분석', '해석', '상상의 나래' 4가지 자동적인 생각 패턴 중 무엇에 해당되는지 생각해 보고 그 상황에서의 감정은 무엇인지 찾아보세요. (부록_210p 감정 단어 목록 참고)

  1) <u>상황1.</u> 휴일 내내 누워만 있는 배우자를 보았을 때
- 자동적으로 떠오르는 생각은 무엇인가요?

- 위의 생각은 자동적인 생각 패턴 4가지 중 어디에 해당할까요?

- 이 상황에서 느껴진 나의 감정은 무엇인지 찾아보세요.

  2) <u>상황2.</u> 나는 신나서 이야기를 하는데 친구들이 별다른 반응을 보이지 않을 때
- 자동적으로 떠오르는 생각은 무엇인가요?

- 위의 생각은 자동적인 생각 패턴 4가지 중 어디에 해당할까요?

  - 이 상황에서 느껴진 나의 감정은 무엇인지 찾아보세요.

  3) <u>상황 3.</u> 아버지와 진로를 의논하던 중 아버지가 "그건 네가 잘 몰라서 그래. 그냥 내 말대로 해."라고 말할 때
  - 자동적으로 떠오르는 생각은 무엇인가요?

  - 위의 생각은 자동적인 생각 패턴 4가지 중 어디에 해당할까요?

  - 이 상황에서 느껴진 나의 감정은 무엇인지 찾아보세요.

2. 내가 누군가와 갈등을 겪을 때 '평가', '분석', '해석', '상상의 나래' 중 어떤 것을 자주 하게 되나요?

3. 4가지 자동적인 생각패턴을 멈추려면 어떻게 해야 할까요?

4. 위에서 말한 방법이 잘 실행된다면 내가 얻게 되는 것은 무엇일까요?

Question 12

내 마음이
진짜 원하는 것은
무엇일까요?

생각의 공간

오늘 나의 감정은 어땠나요? 나를 불편하게 했던 상황들과 감정들을 떠올려 보고 그 감정의 이유가 무엇인지 찾아보세요. 내 감정의 원인과 이유를 발견해 나감으로써 '마음돌봄'을 실천할 수 있습니다.

지혜의 공간

 스피노자는 이런 말을 했습니다. "나는 간절히 바란다. 그러므로 존재한다". 이 말의 의미는 무엇일까요? 인간이라면 누구나 무엇을 원하거나 바라는 '욕구'가 있고 무언가를 간절히 소망하는 욕구를 가진 나는 인간임을 증명하는 것이라는 의미가 아닐까 합니다. 스피노자의 말처럼 욕구는 인간이기에 가질 수 있는 자연스럽고 당연한 것임에도 욕구를 마치 무언가 음흉하고 잘못된 것으로 생각하는 경우가 많습니다. 이것은 명백한 오해이고 내 안의 욕구를 발견하는 것을 방해하는 이유입니다. 욕구는 외면하고 감추어야 하는 것이 아니라 지극히 일상적이고 당연한 것입니다. 예를 들어 볼까요? 새해가 되면 사람들은 새해 계획이나 목표를 세웁니다. 그 이유가 무엇일까요? '욕구'때문입니다. 저축을 계획한 사람은 '금전적 안정'이라는 욕구를 가진 것이고 자격증을 따겠다는 사람은 '배움'의 욕구를, 운동을 하겠다는 사람은 '건강'에 대한 욕구를 가진 것이지요. '금전적 안정', '배움', '건강'은 매우 일상적이고 당연한 욕구입니다. 그러니 욕구에 대한 잘못된 고정관념을 버리고 욕구를 매우 일상적이고 평범하며 자연스러운 것으로 받아들일 필요가 있습니다. 욕구는 감정과도 긴밀하게 연결되어 있습니다. 무언가를 원하거나 필요로 하는데 잘되지 않았을 때 불안, 절망, 분노 같은 감정을 느낍니다. 반대로 내가 바라는 것, 원하는 것이 잘되었을 때는 기쁨, 행복, 만족과 같은 감정이 들지요. 욕구의 좌절이나 충족이 감정을 일으키는 것입니다. 감정을 다스리기가 어려울 때 감정 뒤에 숨어 있는 욕구를 바라보는 것이 중요한 이유입니다.

　욕구의 특징 중 하나는 '우리가 하는 모든 행동이 내가 가진 욕구를 충족시키기 위한 시도'라는 점입니다. 배고픔이라는 욕구를 충족시키기 위해 밥을 먹는 것이고 다음 날 활동할 에너지를 채우고 싶어 잠을 자는 것이며 건강을 위해 운동을 하는 것이지요. 어떤 행동이나 말을 하면서 '내가 지금 무슨 욕구를 가진 것일까' 하고 생각하지 않기 때문에 욕구를 잘 인식하지 못할 뿐이지 나의 행동에는 늘 특정한 욕구를 채우고 싶다는 동기가 존재합니다.

　욕구의 두 번째 특징은 연령, 문화, 지역, 이념을 넘어서 인간이라면 누구에게나 있는 근본적이고 보편적인 것이라는 점입니다. 그래서 욕구는 상황마다, 사람마다, 시대마다, 문화마다 다를 수 있습니다. 이를 받아들이지 못하면 자칫 자신만의 욕구, 특정 시대만의 욕구, 특정 문화만의 욕구가 옳다고 주장하거나 강요하게 될 수 있고 심각한 갈등이 일어날 수도 있습니다. 예를 들어 나는 놀이공원에서 놀고 싶은데 애인은 조용한 곳에서 산책을 하고 싶다고 하며 나에게 놀이공원 대신 산책을 하자고 강요하면 나는 짜증이 날 것입니다. 상대방의 강요가 계속되면 짜증의 감정이 더 커져 상대를 비난하게 되고 비난을 들은 상대는 자신이 강요한 것은 잊은 채 방어를 하게 되겠지요. 이렇게 비난과 방어를 주고받다 보면 결국에는 싸우게 되고 부정적 감정이 휘몰아치게 됩니다. 나의 욕구가 맞다는 생각과 그 욕구를 상대방에게 강요하는 것이 관계를 망칠 수도 있는 것입니다.

욕구의 세 번째 특징은 자신의 욕구를 알아차리는 것만으로도 감정을 다스리는 데 도움이 된다는 것입니다. 설령 그 욕구가 충족되지 않더라도 말이지요. 엄마에게 잔소리를 들었을 때 짜증과 불쾌한 감정만을 생각하면 엄마에게 신경질을 부리거나 비난하게 됩니다. 그러나 그 감정 이면의 욕구가 '존중', '배려', '소통'이었음을 알게 되면 내가 원한 것이 엄마에게 짜증을 내거나 비난하는 것이 아님을 깨닫게 되어 조금 더 안전하고 평화로운 선택을 하게 됩니다.

인간이 가진 욕구는 생리적 욕구에서부터 영적인 완성을 하고 싶어 하는 욕구까지 매우 다양합니다. 다양한 욕구를 알고 내가 원하는 욕구가 무엇인지를 보다 정확히 찾아내는 것이 마음을 돌보는 데 도움이 됩니다. 나의 욕구를 찾는 방법은 세 가지가 있습니다.

첫 번째는 감정을 먼저 인식하는 것입니다. 감정을 알아차려야 그 감정이 어떤 욕구 때문에 나타난 것인지 찾을 수 있습니다.

두 번째는 감정의 원인이 '누구'가 아닌 '무엇'에 있는지 찾는 것입니다. 예를 들어 길을 지나가다 누군가 나를 치고 갔는데 이때 나를 치고 간 사람에게 화가 난다면 그것은 감정의 원인을 '누구'에게 둔 것이지요. 하지만 '무엇'에 원인을 둔다면 '부딪혔는데 아파서' 혹은 '부딪혔는데 사과를 하지 않아서'가 됩니다. '무엇'을 찾기가 어려울 때에는 '어떤 상황이 되면' 혹은 '어떤 말을 들으면' 마음이 편해질 것인지를 생각해 보는 것이 도움이 됩니다. 위의 상황에서는 신체적 아픔이 사라지는 상황이 되거나 나를 치고 간 사람에게서 사과의 말을 듣게 되면 마음이 편해진다고 할 수 있겠지요.

세 번째 방법은 찾아낸 '무엇'을 바탕으로 진짜 원하는 '욕구'를 찾는 것입니다. 앞의 상황에서 자신이 아파서 화가 났다면 진짜 원하는 것은 아픔이 사라지는 것이고 이것을 단어로 바꾸면 '안전'이나 '자기 보호'가 됩니다. 사과를 하지 않아서 화가 났다면 사과를 받는 것이 진짜 원하는 것이고 이것을 단어로 바꾸면 '존중'이나 '배려'가 됩니다. 이처럼 근본적인 욕구를 찾게 되면 대상이나 상황을 탓하는 대신 '아, 내가 원한 것은 이것(욕구)인데 이것(욕구)이 좌절되어 화가 난 것이구나.'하고 자신의 마음을 명확하게 이해하게 됩니다. 상황을 재인식하고 나면 내가 원하는 것을 상대에게 조금 더 명확히 요청할 수 있습니다. '오해'는 사라지고 '이해'가 남게 되는 것이지요. 감정에 매몰되거나 휘둘리는 대신 감정 이면의 욕구를 찾는다면 나 그리고 상대방과 더 충만한 소통을 할 수 있습니다.

치유와 성장의 공간

1. 다음 상황에서 느껴지는 감정과 감정의 원인 그리고 욕구는 무엇이었는지 적어보세요. (감정 단어 목록〈부록_210p〉와 욕구 단어 목록 〈부록_211p〉 참고)

  1) 친구가 급한 일이 생겼다며 만나기로 한 약속을 취소할 때
  - 느낀 감정 :
  - 감정의 원인 :
  - 욕구 :

  2) 연인 혹은 배우자가 과음을 하고 외박을 했을 때
  - 느낀 감정 :
  - 감정의 원인 :
  - 욕구 :

  3) 새 직장으로 옮겼는데 팀원들과 어울리기 힘들 때
  - 느낀 감정 :
  - 감정의 원인 :
  - 욕구 :

2. 다음과 같은 생각이 들 때 내가 느낀 감정과 욕구는 무엇일지 적어 보세요.

1) 여기 있는 사람들 모두 나보다 잘난 것 같아.
 - 감정 :
 - 욕구 :

2) 아무 연락 없이 약속에 늦다니, 상대 못 할 사람이군.
 - 감정 :
 - 욕구 :

3) 팀장은 이기적인 인간이야.
 - 감정 :
 - 욕구 :

4) 엄마는 잔소리만 해.
 - 감정 :
 - 욕구 :

3. 근래에 감정적으로 힘들었던 상황을 떠올려 보고 그때 어떤 감정을 느꼈고 그 감정의 원인은 무엇이었는지 아래의 감정 일기장에 적어 보세요.

	년 월 일
감정적으로 힘들었던 때의 상황은 무엇인가요?	
그때 나는 어떤 감정이 들었나요?	
그 감정의 원인은 무엇이었나요? ('누구'가 아닌 '무엇'에 초점을 맞춰 생각해 보세요.)	
내가 원한 근본적인 욕구는 무엇인가요?	
감정과 욕구를 정리하고 나니 어떤 생각과 감정이 드나요?	

Question 13

나의 마음을
어떻게 전하고 있나요?

생각의 공간

　오늘 하루를 돌아보며 누군가에게 상처 주는 말을 하지는 않았는지 혹은 제대로 내 마음을 표현하지 못한 순간이 있었는지 생각해 보세요. 누군가에게 상처를 주었다면 내가 한 말에 상대방이 느낀 감정과 떠오른 생각은 무엇이었는지, 내가 제대로 마음을 표현하지 못했다면 그 때 나는 어떤 감정이었고 감정의 원인이 무엇이었는지 적어 보세요.

....

....

....

....

....

....

....

나를 온전히 사랑하고 나답게 성장하고 싶은 당신을 위한

지혜의 공간

프랑스의 일러스트레이터인 마리옹 파욜(Marion Fayolle)의 책 『관계의 조각들』에는 인간관계에 대한 작가의 독특하고 다양한 해석이 담긴 그림들이 있습니다. 그 중 특히 기억에 남는 것은 『반쪽』이라는 작품인데 그림의 스토리를 보면 한 남자가 길을 가던 중 갑자기 자신의 오른쪽 다리가 '툭' 하고 빠지게 됩니다. 너무 당황스럽지만 뾰족한 방법이 없으니 빠진 다리를 지팡이처럼 의지하고 다시 길을 걸어갑니다. 그러다 결국 다리가 부러지게 되지요. 어찌할 줄을 모르고 넋을 놓고 있는데 맞은편에서 왼쪽 다리가 없는 사람이 다가옵니다. 그 사람은 오른쪽 다리가 없는 사람의 어깨를 감싸지요. 그리고 둘은 서로의 어깨에 기대어 다시 길을 걸어갑니다. 사람이 사람과 어떻게 살아가야 하는지를 보여주는 이 한 장의 그림을 보며 떠오른 생각은 '과연 이 세상에서 완벽히 혼자 살아갈 수 있는 사람이 있을까?' 하는 것이었습니다.

일본의 지바(千葉)현 나가레야마(流山)시에는 노인을 대상으로 하는 식당이 하나 있다고 합니다. 이 식당은 독신, 사별, 이혼 등의 이유로 혼자 살고 있는 노인들이 월 1회 함께 모여 요리를 만들고 그 요리로 같이 식사를 하는 공간으로 운영되고 있는데 처음 식당을 시작할 때는 단 4명이었던 회원이 이제는 약 60명으로 늘어날 정도로 인기를 끌고 있습니다. 이곳에 오

는 노인들은 식사보다는 다른 참가자와의 친목을 더 의미 있게 생각한다고 합니다. 식사는 만남의 매개체일 뿐이고 각자의 일상을 나누고 이런저런 대화를 하며 소소한 행복을 느끼기 위해 이곳에 온다는 노인들의 이야기를 들으니 인생을 오래 살다 보면 인간관계가 지겹지 않을까 싶지만 여전히 사람을 그리워하고 소통하고 싶어 하는 것이 사람이라는 생각이 들었습니다. 사람 때문에 아프고 힘들어도 결국 사람 사이에서 살아야 하는 우리를 그래서 인간(人間)이라고 부르나 봅니다.

관계를 끊고 살아갈 수 없다면 관계 안에서 힘을 얻고 힘이 되어 주는 것이 낫습니다. 좋은 관계를 만드는 것이 내 삶을 돌보는 소중한 에너지가 되지만 그것이 쉽지가 않습니다. 성격도 다르고 살아온 환경도 다르고 가치관도 다른 사람들이 어울려 산다는 것은 분명 어려운 일이지요. 그렇지만 좋은 관계를 맺을 수 있는 불변의 원칙은 있습니다. 그것은 바로 '대화'를 잘하는 것입니다.

오랜 시간 알고 지낸 친한 동생과 오랜만에 만났습니다. 그녀는 저를 보자마자 이렇게 말했습니다.
"어머, 언니! 피부 관리 좀 받아야겠다. 얼굴이 그게 뭐야."
제 까칠한 피부가 염려되어 던진 말이지만 기분이 좋지는 않았습니다. 이유가 무엇일까요? 친한 동생이 저에게 던진 말이 판단의 말이기 때문입니다. 판단의 말은 말하는 사람의 의도와는 상관없이 듣는 사람의 기분을 상하게 할 수 있습니다. '판단'과 함께 주의해야 할 것이 '강요'입니다. '강요'는 상대방을 내 뜻대로 이끌어 가겠다는 의도를 담고 있습니다. 만약 후배가 저에게 '피부에 좋은 화장품이 어떤 것이 있으니 써 봐라', '좋은 숍을 알고 있으니 거기 가 봐라'와 같은 말을 했다면 그것이 바로 '강요'입니다. '강요'보다는 약하지만 관계에 도움이 안되는 또 다른 대화 방식은 듣는 사람이 요청하지 않은 '조언'입니다. '조언'은 상대방의 문제를 해결해 주고 싶다는 의도를 담고 있지요. 그래서 얼핏 보면 좋은 대화 패턴이 아닌가 싶지만 상대방이 요청하지 않은 '조언'은 '강요'와 큰 차이가 없습니다.

대화 중에 '판단', '강요', '조언'이 등장하면 그 말을 듣는 상대방의 마음을 불편하게 할 수 있습니다. 혹은 갈등이 일어나기도 하지요. 판단, 강요, 요청하지 않은 조언 대신 상대의 감정, 욕구를 먼저 보고 내가 원하는 것을 '부탁'하고 '요청'하는 것이 좋은 관계를 만드는 대화입니다. '부탁'과 '요청'은 내가 진심으로 원하는 바가 무엇인지를 명확하게 표현하고 나의 욕구를 충족하기 위해 상대방이 해 주었으면 하는 것을 부드럽게 청하는 것입니다. 예를 들어 업무 시간에 내가 할 일만으로도 시간이 부족하고 힘들 때 후배가 다가와 업무에 대해 물으면 누구라도 짜증이 납니다. 그때 어떤 사람은 "내가 지금 해야 할 일이 밀려서 여유가 없네. 미안하지만 이 일 마치고 봐 주면 안 될까?"라고 말합니다. 또 어떤 사람은 "지금 나 바쁜 거 안 보여? 부탁도 상황 봐 가면서 하는 거야. 일 끝나고 부를 테니까 그때 다시 와."라고 합니다. 어떤 사람과의 대화가 더 편안하게 느껴지나요?

이 짧은 대화로도 부탁과 요청이 얼마나 좋은 에너지를 줄 수 있는지 알 수 있습니다. 물론 부탁과 요청으로 대화한다고 해서 모든 갈등이 해소되거나 문제가 해결되는 것은 아닙니다. 하지만 적어도 상대방에게 윽박을 지르거나 그냥 내가 참아 내는 것과는 그 결이 많이 달라지지요. 또한 부탁과 요청으로 대화를 하게 되면 상대방은 자신이 존중 받고 있다는 느낌을 받습니다. 따라서 '부탁'과 '요청'의 대화는 힘이 있는 사람일수록 또한 어른일수록 더 실천해야 하는 것이기도 하지요.

좋은 관계는 식물을 키우는 것과 같습니다. 물도 주고 햇볕도 쬐어 주고 정성으로 돌보아야 하지요. 그 정성 중의 하나가 '대화'가 아닐까 합니다. 그동안 내가 '판단'이나 '강요', '조언'이나 '비난'의 방식으로 대화했다면 앞으로는 '공감'과 '이해', '부탁'과 '요청'의 대화로 나아가는 것이 상대방과의 좋은 관계를 만들어 나갈 수 있는 자양분이 되고 이렇게 만들어진 탄탄한 관계가 나 자신을 돌보는 것에도 좋은 에너지를 줄 수 있습니다. 사람인 우리는 사람에게서 에너지를 얻기도 하고 잃기도 하니까요. 부디 당신의 선택이 자신을 돌볼 수 있는 에너지를 주는 선택이기를 바랍니다.

나를 온전히 사랑하고 나답게 성장하고 싶은 당신을 위한

치유와 성장의 공간

1. 다음 상황에서 상대방은 어떤 감정을 느끼고 어떤 생각을 할지 떠올려 보세요.

   1) 집에 있고 싶다는 친구에게 "집에 있으면 뭐하냐? 나와!"라고 말할 때
  - 감정 :

  - 생각 :

   2) 내가 후배에게 "요즘 살찐 거 같네."라고 말할 때
  - 감정 :

  - 생각 :

   3) 애인과 다툰 친구에게 "그 사람 진짜 별로다. 다른 사람 만나 봐."라고 말할 때
  - 감정 :

  - 생각 :

2. 1번의 1) 2) 3) 문항에 나온 판단, 강요, 요청하지 않은 조언의 표현을 나의 욕구를 넣어서 '부탁'과 '요청'으로 바꾸어 보세요.

(예 : 과식을 자주 하는 남편에게)

  - 틀린 표현 : "그만 좀 먹어."(강요)

  - 옳은 표현 : "난 당신 건강이 걱정돼. 식사 양을 2/3정도 줄여 보는 것은 어떨까?"

  1) 틀린 표현 : "집에 있으면 뭐 하냐? 나와."(강요)
    →

  2) 틀린 표현 : "요즘 살찐 거 같네."(판단)
    →

  3) 틀린 표현 : "그 사람 진짜 별로다. 다른 사람 만나 봐."(조언)
    →

3. 다음에 제시된 상황을 잘 떠올리면서 나의 감정과 욕구를 찾아보고 상대에게 '부탁'과 '요청'으로 표현해 보세요.

   1) 가족 중 누군가가 집 안을 잔뜩 어질러 놓은 것을 보았을 때
  - 이 상황에서 내가 느끼는 감정은?

  - 그 감정을 일어나게 한 좌절된 욕구는?

- 부탁과 요청으로 표현해 보기
  →

   2) 회의 중에 동료가 나의 의견을 무시할 때
  - 이 상황에서 내가 느끼는 감정은?

  - 그 감정을 일어나게 한 좌절된 욕구는?

- 부탁과 요청으로 표현해 보기
  →

3) 나와 형제를 차별하는 부모의 태도를 볼 때
- 이 상황에서 내가 느끼는 감정은?

- 그 감정을 일어나게 한 좌절된 욕구는?

- 부탁과 요청으로 표현해 보기
→

4) 자기가 먹고 싶은 것만 시키는 친구를 볼 때
- 이 상황에서 내가 느끼는 감정은?

- 그 감정을 일어나게 한 좌절된 욕구는?

- 부탁과 요청으로 표현해 보기
→

Question 14

마음의 에너지를
채우며 살고 있나요?

생각의 공간

어느 날은 마음에 에너지가 가득하고 어느 날은 바닥을 보일 때가 있습니다. 마음에 에너지가 가득 차는 때는 언제이고 에너지가 훅 빠져나가는 때는 언제인가요? 조용한 곳에서 차분히 마음의 에너지를 느껴 보세요. 그리고 내 마음이 어떤 때에 에너지로 가득 차는지, 어떤 때에 빠져나가는지 적어 내려가 보세요.

나를 온전히 사랑하고 나답게 성장하고 싶은 당신을 위한

지혜의 공간

　빈곤의 시대를 넘어 역사상 가장 풍요로운 시대를 살고 있지만 어쩐지 마음은 그 어느 때보다 빈곤하다는 생각이 듭니다. 마음이 지칠 대로 지쳐 에너지가 바닥난 사람들이 많기 때문이지요.

　우리는 매일 저녁 휴대폰을 충전합니다. 휴대폰의 배터리를 채워 다음 날에도 잘 쓰기 위해서입니다. 만약 휴대폰을 충전하지 못한 채 출근을 하거나 외출을 하게 된다면 어떤 마음이 들까요? 몹시 불안하고 당황스러울 것입니다. 그래서 어떻게 하든 배터리를 충전하려고 노력을 합니다. 그런데 정작 마음의 에너지는 그렇게 열정적으로 돌보지 못하는 것 같습니다. 휴대폰을 필요한 때에 잘 쓰기 위해 매일매일 충전을 하는 것처럼 우리 마음 역시 매일매일 돌보고 살피고 부족한 에너지를 채워야 필요한 때에 잘 사용할 수 있습니다.

　손에 일이 잡히지 않고 쉬고 싶을 만큼 마음이 힘들다면 마음에 에너지를 채워야 한다는 신호입니다. 마음에 에너지를 채우는 것은 음식을 통해 몸에 에너지를 채우는 것과 같습니다. 건강한 음식을 제때에 적당하게 먹어야 하듯 마음의 에너지 역시 마음이 힘든 그때 공감하고 위로하는 돌봄을 통해 에너지를 채워야 하는 것이지요.

바짝 말라 풀 한 포기 자랄 수 없을 것 같은 메마른 땅을 살리는 것은 물입니다. 지치고 힘든 우리 마음에 줄 수 있는 물은 무엇일까요? 그것은 '호흡'입니다. 호흡은 무의식적으로 일어나기 때문에 호흡을 의식한다는 것이 어색한 일이긴 하지만 호흡만큼 마음에 에너지를 빨리 채워 주는 것도 드뭅니다. 화가 날 때 숨을 깊게 들이마시고 천천히 길게 내쉬는 과정을 집중해서 몇 차례 반복하는 것만으로도 분노와 같은 강력한 감정을 빨리 가라앉힐 수 있습니다. 이 때 들이마시는 들숨은 조금 짧게 하고 내쉬는 날숨은 길게 하는 것이 더 효과적입니다. 호흡을 의식하고 편안한 느낌이 들때까지 호흡에 집중해 보세요. 마음에 에너지가 채워지고 한결 편안해짐을 느낄 수 있을 겁니다.

마음이 힘들 때 에너지를 채울 수 있는 또 다른 방법은 '현재에 사는 것' 즉 '지금 이 순간에 존재하는 것'입니다.

저의 20대는 우울함과 답답함의 연속이었습니다. 빨리 성공하고 싶었지만 현실은 쉽게 달라지지 않았습니다. 원망과 자책과 걱정과 불안으로 가득 찬 20대를 지나고 30대에 '자기돌봄'을 만나며 깨달은 것이 있습니다. 지난 삶에서 한 순간도 현재에 살지 못했음을 말이지요. 늘 과거를 후회하고 미래를 걱정했습니다. 현재가 과거가 되고 현재가 미래를 만든다는 사실을 그제야 깨달았습니다. 그래서 현재를 살아야겠다고 생각했고 노력했습니다. 누군가와 대화할 때는 상대의 눈을 바라보고 마음에 닿으려 했고 일을 할 때도 불안이나 걱정은 미뤄 두고 해야 할 일에 집중하려

했습니다. 운동을 하거나 휴식을 취할 때도 온전히 그 시간에 존재하려고 애썼습니다. 현재를 사는 순간이 점차 쌓여 가자 마음에 충만함이 가득해지고 에너지가 채워졌습니다. 지금 이 순간에 온전히 존재하는 삶의 가치를 발견한 것입니다.

누군가와 대화할 때 그의 눈을 보며 대화하고 있나요? 내가 아닌 다른 무언가 혹은 다른 누군가에게 신경이 쏠려 있지는 않나요?

삶을 진정으로 충만하게 살기 위해 우리에게 필요한 것은 '지금의 나' 그리고 '지금 이 순간'에 집중하는 것입니다.

치유와 성장의 공간

1. 요즘 나의 마음을 힘들게 하는 일은 무엇이고 사람은 누구인지 적어 보세요.

2. 마음에 에너지 채우기

   1) 3분 호흡

   ① 코로 숨을 마시고 입으로 내쉽니다. 호흡을 과하게 의식하지 말고 그냥 평소의 내 호흡대로 호흡에 집중해 보세요.

   ② 호흡에 집중이 되었다면 숨을 마시고 내쉬는 호흡을 한 번 할 때마다 숫자를 셉니다. 1부터 10까지 수를 센 후 호흡을 유지하며 지금, 이 순간의 호흡 자체에 집중해 봅니다.

   ③ 이번에는 나를 힘들게 하는 상황이나 사람을 생각합니다. 그 상황이나 사람을 생각했을 때 몸에 어떤 긴장감이 느껴지는지 살펴보세요. 그리고 어떤 감정이 느껴진다면 그 감정이 무엇인지 찾아보고 슬픔, 두려움, 괴

로움 이런 식으로 이름을 붙여 보세요.

④ 다시 호흡에 집중하며 코로 숨을 들이마시고 입으로 내쉽니다. 3~4번의 호흡을 한 후 코로 숨을 들이마실 때 마음을 정화시키는 좋은 기운이 들어온다고 생각하고 입으로 숨을 내쉴 때 아까 이름 붙인 감정들이 **빠져나가**고 그와 함께 부정적인 에너지도 함께 **빠져나간**다고 생각하며 호흡해 보세요. 몸과 마음이 편안해지고 에너지가 채워지는 느낌이 들 때까지 반복해 보세요.

2) 호흡을 통한 변화 알아차리기

마음 안에 감정에 대한 2가지 다른 반응을 선택할 수 있는 버튼이 있다고 가정해 봅시다. ★은 평소의 반응을 선택하는 버튼이고 ☆은 깊은 호흡을 3회 했을 때의 반응을 선택하는 버튼입니다.

① 근래에 기분이 좋지 않았던 일을 떠올리며 ★ 버튼과 ☆ 버튼을 각각 선택했을 때 반응이 어떻게 다를지 적어 보세요.

★ 버튼 선택 → 평소의 반응 :

☆ 버튼 선택 → 호흡했을 때의 반응 :

3) 지금, 여기에 존재하기

① 지금 당신은 쉬고 싶습니다. 그런데 이 시간에 온전히 집중하지 못하게 하는 나의 물건, 나의 생각, 나의 마음은 무엇일까요?

② 그런 방해물로부터 방해를 받지 않고 지금, 이 순간에 존재하려면 어떻게 해야 할까요?

③ 이런저런 방해물의 영향을 받지 않고 지금, 이 순간에 존재하게 된다면 나와 내 삶에서 좋은 점은 무엇일까요?

Part 4

자기돌봄, 나 답게 성장하는 삶

Question 15

지금, 내 삶은
안녕한가요?

생각의 공간

　지금의 나, 그리고 나의 삶 모두 괜찮나요? 나의 일, 나의 건강, 나의 관계, 나의 환경 등 나의 전반적인 삶이 어떤지 살펴보세요. 하나하나 천천히 살피다 보면 보이지 않던 문제가 보이기도 하고 해결해야 할 숙제를 발견하기도 합니다. 차를 정비하듯 구석구석 살피며 발견하게 된 것들, 새롭게 알게 된 것들, 깨닫게 된 것들을 차곡차곡 적어 내려가 보세요.

나를 온전히 사랑하고 나답게 성장하고 싶은 당신을 위한

지혜의 공간

바쁘게 살아가다 보면 시간이 언제 흘렀는지 모를 정도로 정신이 없을 때가 있습니다. 그러다 문득 내 삶을 돌이켜 보면 무엇 때문에 이렇게 바쁘게 사는지, 도대체 어디로 향해 가고 있는 것인지 막막할 때가 있지요. 그럴 땐 잠시 멈추어 서서 지금 나는 어떤지, 내 삶은 어떤지 살펴볼 필요가 있습니다. 나의 '안녕'을 점검하는 것이지요.

'안녕'은 '아무 탈 없이 편안하다'는 의미입니다. 아무 탈이 없고 편안한 것만큼 좋은 것이 또 있을까요? 매일매일을 자기 자신도 챙기지 못할 만큼 바쁘게 사는 우리에게 그 어떤 시간보다 중요한 것은 안녕한 나, 안녕한 삶에 대해 생각해 보는 시간이 아닐까 합니다. 나보다 일이 더 중요하지 않습니다. 나보다 타인이 더 중요할 리 없지요. 나보다 돈이 더 중요하지도 않습니다. 그런데도 우리는 자꾸만 내가 아닌 다른 무언가를 더 챙기며 삽니다. 일 때문에 나를 돌보지 못하고 누군가 때문에 나를 뒤로 미뤄 두지요. 돈 때문에 나를 잃어 가기도 합니다. 나를 완전히 잃어버리기 전에 나를 회복하고 삶을 돌보아야 합니다.

미국의 국민 화가이자 최고령 화가였던 안나 마리 로버트슨 모지스 (Anna Mary Robertson Moses, 1860~1961) 할머니는 시골 마을에서 농

사를 짓던 평범한 아낙이었습니다. 결혼 후 열 명의 자녀를 출산했지만 그중 다섯 명을 잃는 아픔을 겪었습니다. 그리움과 아픔을 달래기 위해 자수(刺繡)를 시작했고 마음의 상처도 조금씩 아물어 갔습니다. 세월이 흘러 손가락 관절염이 심해진 탓에 세밀한 작업이 어려워지자 할머니는 붓을 들고 그림을 그리기 시작합니다. 고향에서의 추억, 시골 풍경이나 풍습 등을 따뜻한 화풍으로 그려 나갔습니다. 한 미술 작품 수집가에 의해 할머니의 그림이 세상의 빛을 보게 되고 결국 뉴욕의 미술 작품 전시회에까지 소개됩니다. 도시의 각박한 삶에 지친 뉴욕 사람들은 따뜻한 위로를 담은 할머니의 그림에 매료되었고 미국을 시작으로 유럽, 일본 등 세계 각지에 할머니의 그림이 전시되고 사람들의 사랑을 받게 됩니다. 101세의 나이로 세상을 떠나기 직전까지도 할머니는 그림을 사랑했습니다. 그림만 사랑한 것이 아닙니다. 자신을 사랑했고 자신의 삶을 사랑했습니다. 자신을 돌보기 위한 도구로 '그림'을 선택했고 자신이 겪은 아픔과 외로움, 슬픔을 치유하기 위해 '그림'을 그렸기 때문이지요. '그림'을 통해 스스로를 돌본 것입니다. 자신의 삶 속에서 아픔을 겪게 되자 스스로를 돌볼 수 있는 방법을 선택하고 실천했습니다. 모지스 할머니의 삶이야말로 진정으로 '안녕'한 삶이 아닐까요?

안녕한 삶은 균형 잡힌 삶입니다. 어느 한쪽으로 치우치거나 모자라지 않게 조화를 이루며 사는 것이지요. 그리고 그 중심이 나에게 있는 삶입니다. 마치 여러 개의 톱니바퀴가 맞물려 시계가 돌아가는 것처럼 우리 삶의 다양한 부분들이 맞물려 돌아가며 삶을 완성해 가는 것입니다. 조화와 균형을 이루려면 중심이 중요합니다. 중심이 잡히지 않으면 삶의 각 부분들이 잘 맞물려 돌아가지 않게 되고 삐걱거리다가 결국에는 탈이 나고 말겠지요. 그렇지만 아무리 애를 써도 우리 삶이 늘 안녕할 수만은 없습니다. 그러니 언제나 안녕한 삶을 기대하기 보다는 삶의 순간순간마다 나와 내 삶이 안녕한지 점검하고 돌보는 것에 집중하는 것이 좋습니다.

나의 삶이 별것 없어 보이고 그 날이 그 날 같아 보일지라도 그 하루하루를 나 자신을 돌보며 살아가다보면 내 삶을 안녕한 삶으로 변화시킬 수 있습니다. 그러니 주어지는 대로 살아가기 보다는 자신을 돌보며 그로 인해 삶이 조금 더 안녕해질 수 있는 쪽으로 한 걸음 더 나아가길 희망합니다.

치유와 성장의 공간

1. 한 사람의 삶을 산을 올라가고 내려오는 과정에 비유했을 때 지금 내 삶은 어디쯤인지 위치를 표시해 보고 어떤 상태인지, 그 이유는 무엇인지 적어 보세요.

_____
_____
_____
_____
_____

2. 내 삶에서 가장 간절히 바란 것은 무엇인가요?
그 결과는 어떤가요?

3. 내 삶을 돌이켜 봤을 때 계속 미루기만 한 것이 있다면 무엇인가요? 그로 인해 결과는 어땠고 나에게 어떤 영향을 주었나요?

4. 1~3번까지 작성한 것을 바탕으로 지금 나와 내 삶이 안녕한지 생각해 보세요. 만약 안녕하지 않다면 그 이유는 무엇일까요?

5. 그 이유들이 사라진다면 나와 내 삶은 어떻게 달라질까요?

6. 나와 내 삶의 안녕을 위해 이제 나는 무엇을 하면 좋을까요?

Question 16

삶의 주인으로
살고 있나요?

생각의 공간

어제 하루 내가 먹은 식사는 온전히 나의 선택에 따른 것이었나요? 아니면 다른 사람의 선택을 따라간 것이었나요? 어제 하루를 떠올리며 선택의 순간에서 온전히 내가 선택한 것이 얼마나 되는지 생각해 보세요. 일상에서의 작은 선택의 순간에 나는 내 의지대로 진정으로 내가 원하는 것을 선택하고 있는지 살펴보세요.

....

....

....

....

....

....

....

나를 온전히 사랑하고 나답게 성장하고 싶은 당신을 위한

지혜의 공간

'당신은 삶의 주인으로 살고 있나요?'

만약 이런 질문을 받는다면 뭐라고 답할 수 있을까요? 정말 자신 있게 그렇다고 답할 수 있는 사람이 많지는 않은 것 같습니다. 부모와 어른들이 '대학은 가야지'라고 하니 대학에 가고 '졸업했으니 취업해야지'라고 하니 취업하고 '취업했으니 결혼해야지'라고 하니 결혼하는 사람이 지금 이 순간에도 존재하기 때문입니다. 자신이 아닌 남이 정해 준 길을 가고 남이 정답이라고 하는 삶을 살아가려 애쓰고 있습니다.

삶의 시작은 내 의지로 선택할 수가 없습니다. 부모를 고를 수도 없고 자라날 환경도 선택할 수가 없지요. 하지만 적어도 어른이 된 후에는 내 삶의 선택과 책임의 몫은 온전히 자신에게 있어야 하지 않을까요? 다른 사람 혹은 사회의 기준에 휘둘리게 되면 정작 내 안에 있는 진정한 나만의 기준을 세울 수가 없습니다. 보다 진실되게, 내가 진정으로 원하는 삶으로 나아가기를 원한다면 지금 살고 있는 이 삶은 내가 주인이 되어 살아가야 할 삶임을 기억해야 합니다. 내 안에는 진정한 나를 발견하고 내가 원하는 삶으로 이끌어 갈 수 있는 힘이 충분히 있습니다. 다만 우리가 그것을 미처 깨닫지 못하고 살고 있을 뿐이지요.

무엇인가를 더 갖고 싶어서 욕망이 꿈틀거릴 때가 있습니다. 무엇인가를 더 이루고 싶어 욕심이 뚫고 나올 때가 있습니다. 그런 강렬한 욕망과 욕심으로 무엇인가를 얻어야만 가치 있는 삶이 되는 것은 아닙니다. 무엇인가를 이루었지만 정작 내가 진정으로 원한 것이 아니라면 공허함을 비껴갈 수 없습니다. 나 자신을 잃지 않고 내가 중심이 되어 사는 삶의 진정한 의미를 알고 가치를 알아야 할 때입니다.

삶의 주인으로 산다는 것의 진정한 의미는 무엇일까요?

20대 중반의 한 청년이 저를 찾아왔습니다. 의대에 진학하겠다는 목표 하나만 보고 지금까지 4수를 했는데 아무리 열심히 해도 결과가 나오지 않자 고민에 빠진 것입니다. 정말 이 길이 자신의 길이 맞는 것인지, 의사가 된다고 해도 과연 잘할 수 있을지에 대해 확신이 서지 않아 두려워하고 있었습니다. 몇 차례의 코칭 후 청년은 한 가지 중요한 사실을 깨달았습니다. 의대에 진학해서 의사가 되고 싶다는 꿈은 자신의 꿈이 아닌 부모의 꿈이었다는 것을 말이지요. 알고 보니 청년의 할아버지와 아버지 모두 의사였습니다. 2대째 의사가 나왔으니 청년은 어렸을 때부터 대를 이어 의사가 되어야 한다는 말을 귀에 못이 박히게 들었습니다. 어린 시절에 지속적이고 반복적으로 강화된 개념이나 사상은 쉽게 바뀌지 않습니다. 청년도 그랬습니다. 그것이 진리이고 정답이라 생각했습니다. 하지만 스스로의 생각과 선택으로 이루어진 삶이 아니니 맞지 않은 옷을 입은 듯 늘 무언가 불편하고 억지스러웠던 것입니다. 그리고 늦게나마 비로소 자신이 거짓된 삶을 살아왔음을 깨닫게 된 것입니다.

  삶을 주체적으로 살아간다는 것은 스스로 생각하고 결정하고 그 결정에 따라 행동하며 결과에 대해 책임을 지는 것입니다. 결과가 만족스럽지 못하거나 예상하지 못한 결과일지라도 내가 선택한 것이기에 겸허히 받아들일 수 있습니다. 하지만 타인이나 사회의 규정에 의한 선택이라면 그 결과에 대해 타인이나 사회를 원망하게 되겠지요. 이렇게 계속 살다 보면 언젠가는 후회가 찾아올 수밖에 없습니다. 더 늦기 전에 내 삶의 고삐를 내가 쥐어야 하지 않을까요? 그렇다면 어떻게 해야 삶의 주인으로 살 수 있을까요? 스스로에게 '질문'을 해야 합니다. 의대에 진학하라는 부모의 의견을 무조건 수용할 것이 아니라 청년 스스로 왜 내가 의대에 가야 하는지 자신에게 질문했다면 보다 주체적인 선택을 할 수 있었을 것입니다. 스스로에게 질문하고 더 넓고 깊게 생각하다 보면 나만의 답을 찾게 되고 본질에 가까운 답을 찾을수록 삶의 중심이 나에게 향하게 됩니다. 지금 내 모습이 무언가 불편하고 답답하다면 한 번쯤 되돌아보세요. 마음 깊은 곳에서 알아봐 달라고 소리치는 진짜 나와 만나야 할 때이니까요. 누군가가 정해 놓은 완벽한 삶을 추구하기보다 내가 진정으로 원하는 삶을 추구하는 것이 진정으로 나를 위한 선택입니다.

치유와 성장의 공간

1. 삶의 주인으로 사는 것의 가치 발견

   1) 당신이 진정으로 살아 있다고 느꼈던 삶의 순간은 언제인가요?

   2) 살면서 다른 누구의 개입 없이 온전히 당신이 선택했던 삶의 순간은 언제였나요?

2. 삶의 주인으로 살기 위한 용기 얻기

　1) 삶의 주인으로 살지 못하고 이리저리 휘둘리며 살아온 사람이 당신 앞에 있습니다. 그는 자신의 삶을 후회하며 앞으로는 다르게 살고 싶지만 용기가 나지 않는다고 말합니다. 당신은 이 사람에게 무슨 말을 해 주고 싶나요? 그에게 하고 싶은 말을 적어 보세요.

　2) 1)번에서 적은 내용 그대로를 당신에게 말해 주듯 읽어 주세요. 다 읽고 난 후 어떤 감정이나 생각이 드는지 적어 보세요.

3. 삶의 주인으로 살기 위한 방법 찾기

   1) 지금 당신은 당신의 마음의 방 안에 있습니다. 이 방의 문 손잡이는 안으로 향해 있어 당신만이 문을 열고 닫을 수 있습니다. 삶의 주인으로 살기 위해 반드시 나 스스로 선택해야 하는 것들을 이 방안의 빈 공간에 적어 넣어 보세요.
   (예 : 진로, 결혼, 직업 등)

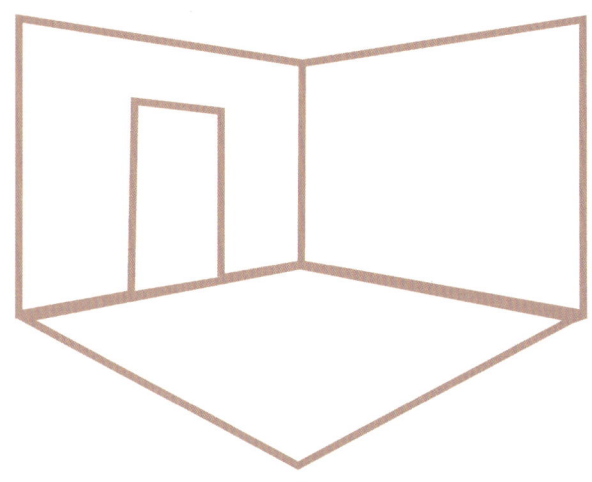

   2) 방안에 넣은 것들을 내가 선택하고 책임지며 온전히 삶의 주인으로 살 수 있도록 도와줄 수 있는 것에는 무엇이 있을까요?
   (예 : 용기 / 조언은 듣되 결정은 스스로 하기 등)

Question 17

무엇을 위해
살고 있나요?

생각의 공간

내가 진정으로 원하는 삶은 어떤 삶인가요? 돈이 많은 삶인가요? 남을 도우며 사는 삶인가요? 가족과 행복하게 사는 삶인가요?

사람마다 살고 싶은 삶, 지향하는 삶이 다릅니다. 내가 진정으로 원하는 삶이 무엇인지, 어떻게 살고 싶은지를 생각해 보세요. 그 생각을 따라가다 보면 삶에 대해 조금 더 명확한 그림을 그릴 수 있습니다.

....

....

....

....

....

....

....

....

나를 온전히 사랑하고 나답게 성장하고 싶은 당신을 위한

지혜의 공간

    레밍(Lemming)이라는 동물이 있습니다. '나그네쥐'라는 별명을 가진 레밍은 주로 스칸디나비아반도 북부의 툰드라 지역에 서식하는데 개체 수가 일정 범위 이상 늘어나면 먹이가 부족해져 새로운 땅을 찾아 이동을 합니다. 그런데 이때 맨 앞에 가던 레밍이 방향을 찾지 못해 해안 절벽이나 호수를 향하게 되면 뒤 따르던 무리 역시 어디로 가는지도 모른 채 따라가다가 결국에는 호수나 바다에 빠져 죽게 되는 일이 자주 일어납니다. 이런 레밍의 습성을 '목적 없이 집단을 따라가는 사람'에 비유해 '레밍 신드롬(Lemming Syndrome)'이라 이름 붙이기도 했지요.

    요즘을 살아가는 사람들의 모습을 보면 어른, 아이 할 것 없이 마치 어디로 가는지 그 방향도 모른 채 앞만 보며 달리는 레밍처럼 보일 때가 있습니다. 아이들은 왜 공부해야 하는지도 모른 채 입시만을 위해 달려가고 어른들은 왜 이렇게 일해야 하는지도 모른 채 일에만 매달려 있고 왜 이렇게 더 채워야 하는지도 모른 채 더 벌기 위해 애를 쓰고 있습니다. 방향을 모른 채 달리다 보면 결국 레밍처럼 막다른 길에 다다르게 됩니다. 목적도 없이 방향도 모른 채 '남들이 달리니 나도 달리다 보면 무언가 있겠지' 하고 열심히 달렸는데 그 끝에 기다리고 있는 것이 막다른 길이라면 얼마나 허무하고 안타까운 일일까요? 자신만의 고유한 삶의 목적을 세우지 못한

채 타인을 쫓아만 가는 삶을 이제는 멈추어야 합니다. 삶의 목적을 세우기 위해 우리가 생각해 봐야 할 한 가지는 '핵심 가치'입니다.

핵심 가치는 '무엇을 위해 살 것인가'를 의미입니다. 성취, 존재감, 봉사, 정신적 안정, 도전과 같은 것이 핵심 가치를 나타내는 단어입니다. 핵심가치는 목표와는 다릅니다. 목표는 이루고 나면 그 다음을 또 생각해야 하지만 핵심 가치는 하나의 약속이고 지향점입니다. 핵심 가치의 가치는 '완료'가 아닌 '과정'에 있습니다. 그래서 일생 동안 이루어 가야 하는 것이지요.

핵심 가치를 찾기 위해서는 내가 이 세상에 어떤 영향력을 펼치고 싶은지 생각해 보는 것이 좋습니다. 영향력을 고민하지 않으면 이루고 싶은 '무엇'에만 집중하게 되고 결국 핵심 가치의 본질이 흐려지게 됩니다. 부끄럽지만 한때 저는 '돈을 많이 버는 유명 강사'가 되고 싶었습니다. 여기에는 금전적 성공이라는 핵심 가치는 있었지만 영향력이 들어 있지 않았습니다. 그래서 단순한 목표로 전락해 버렸고 결과에만 관심을 갖게 되었지요. 과정이 엉망인데 결과가 좋을 리 없었습니다. 그러던 중 '핵심 가치'를 알게 되었고 '무엇이 되겠다'가 아닌 '무엇을 위해 살 것인지'를 고민했습니다. 긴 고민의 시간 후 찾은 답은 '사람들의 가치로운 성장을 위해 살겠다'였고 이 핵심가치를 통해 선한 영향력을 펼치고 싶다는 생각을 했습니다. 비로소 영향력이 담긴 핵심 가치가 정해진 것이지요. 핵심가치가 세워졌다고 해서 결과에 초연해지거나 타인과의 비교에서 자유로워지는 것은 아닙니다. 하지만 적어도 조급한 마음이 들어 스스로를 다그치거나 누군가의 탓을 하지는 않게 되지요. 그 대신 어떻게 하면 조금 더 핵심 가치에 맞게 살아갈 수 있을지를 고민하게 됩니다. 삶의 기준이 보다 분명해지고 그 기준이 외부가 아닌 내 안에서 나온 것이니 더 단단해집니다.

내 안에서 진정으로 원하는 핵심 가치를 찾았다면 인생의 항로를 손에 쥔 것이나 마찬가지입니다. 잠시 길을 잃더라도 나만의 분명한 항로가 있다면 삶을 살아가면서 자신이 나아가야 할 길과 방향을 잃지 않게 됩니다. 또한 장애물이 나타나도 내 삶의 가치를 지킬 수 있는 힘이 생기지요.

핵심 가치는 도덕적 기준이 아닙니다. '착하게 살아야 한다', '베풀며 살아야 한다'와 같은 도덕적인 기준들은 삶에서 중요한 가치이기는 하지만 이런 도덕적 잣대만이 자기돌봄을 위한 핵심 가치라고 할 수는 없습니다. 또한 핵심 가치는 '원칙'과도 다릅니다. 자신의 핵심 가치를 원칙으로 세우게 되면 타인에게도 강요하게 됩니다. 하지만 타인은 나의 원칙을 지킬 의무도 책임도 없지요. 그러니 나의 핵심 가치를 모두가 지켜야 할 원칙으로 세우지 말고 그저 핵심 가치를 향한 삶을 꾸준히 살아나가면 됩니다. 내가 원하는 삶으로 가기 위해 핵심 가치가 도움이 되는 것이지, 핵심 가치를 이루기 위해서 나를 제대로 돌보지 못하면서까지 실행에 집착할 필요는 없으니까요.

당신 삶에서 중심을 잡아 줄 수 있는 핵심 가치는 무엇인가요? 나만의 핵심 가치를 발견해 보세요. 그 여정의 끝에는 내가 진정으로 원하는 나, 내가 진정으로 살고 싶은 삶의 모습이 그려져 있을 것입니다.

치유와 성장의 공간

1. 지금까지 살아오면서 가장 존경하는 사람이 있다면 누구인가요? 그의 어떤 점을 존경하나요? 만약 존경하는 대상이 없다면 어떤 사람이 존경받을 만한 사람이라고 생각하나요?

2. 당신이 도저히 존중할 수 없는 사람은 어떤 사람인가요?
그 이유는 무엇인가요?

3. 누군가가 당신에게 자신이 어떤 사람으로 살아야 하는지에 대해 조언을 구한다면 당신은 다음의 핵심 가치 단어 중 어떤 가치가 중요하다고 이야기해 주고 싶나요? 모두 10개를 골라 단어 앞 네모 칸에 체크해 보세요. 이때 도덕적인 가치 판단이나 세상의 기준을 따르지 말고 진정으로 자신이 중요하다고 생각하는 단어에 체크합니다.

가치 분류 (대표 인물)	핵심가치 단어
전문성(피터 드러커)	□성장 □변화 □발전 □성과 □성취 □자존감 □프로정신 □자기계발 □자기관리 □인정받음 □롤모델 되기 □경제적 안정 □탁월함 □완벽
낙천성/이상주의 (빨강머리 앤)	□감사 □행복 □감성적 □꿈꾸는 □낙천적인 □희망 □유머 □명랑함 □자기표현 □존재감 □이상을 향해가는 □비전 □목적의식
리더십 (이순신)	□지도력 □영향력 □존중/존경 □명예 □신중함 □의사결정권 □책임 □공동체(팀워크) □신뢰와 믿음 □겸손 □배려와 격려
휴머니즘(마더 테레사)	□인류애 □봉사 □소통 □따뜻함 □친밀함 □타인에 대한 수용과 인정 □친절과 이해심 □선함 □헌신 □용서와 연민
도전(라이트 형제)	□용기 □호연지기 □끈기/인내 □목표의식 □열정 □경험 □개척 □최초의 성공 □가능성 □기회 포착
영적 안정(틱낫한)	□편안함 □심신의 건강 □치유 □순수함 □균형 □휴식 □마음의 평화 □안정 □협동/협력 □화합 □가족
정의로움(마틴 루서 킹)	□시민의식 □책임의식 □공정함 □평등 □규칙/규율 □정의로움 □정직함 □올곧음 □진실함 □진정성
창의성 (스티브 잡스)	□배움, 학구열 □창의성 □독창성 □관찰력 □새로움 □개방적, 열린 마음 □판단력/예측력 □호기심 □몰입 □아이디어 □자유로움 □독립적인

4. 3번에서 고른 10개의 단어 중 더 지향하고 싶고 내 마음에 닿는 단어를 5개로 추려 보세요.

5. 5개로 추려진 핵심 가치 단어 중 가장 마음에 닿고 지향하고 싶은 단어 1개를 고른 후 그 핵심가치에 해당하는 대표 인물이 누구인지 적어 봅니다.

6. 나의 핵심 가치와 닮고 싶은 인물을 떠올리며 아래 문장을 완성해 봅니다.

  I want to live for _____ .

  (나는 _____ 을 위해 살고 싶다)

7. 나의 핵심 가치와 맞는 삶을 산다면 내 삶은 어떻게 변화될지 생각해 봅니다,

8. 그런 삶으로 나아가기 위해서 어떤 것을 하면 좋을까요?

Question 18

소유하며 살고 있나요,
존재하며 살고 있나요?

나를 온전히 사랑하고 나답게 성장하고 싶은 당신을 위한

당신은 소유하기 위해 애쓰며 살고 있나요, 존재하기 위해 애쓰며 살고 있나요? 올 한 해 당신이 구입한 것들, 새롭게 갖게 된 것들의 목록을 작성해 보세요. 그리고 그 목록들 중 지금까지도 당신을 행복하게 하는 것이 있는지 찾아보세요.

지혜의 공간

　미국의 화학자 G. 타일러 밀러(G. Tyler Miller)는 한 사람의 생명을 1년간 유지하기 위해 어느 정도의 자원이 필요한지 계산해 보았습니다. 그 결과 1년간 필요한 송어는 300마리이고 이 300마리의 송어는 1년간 90,000마리의 개구리를 먹어야 하며 이 개구리들은 27,000,000만 마리의 메뚜기를 소비해야 하고 또 이 메뚜기들은 1,000톤의 풀을 먹어야 한다는 결과를 내놓았습니다. 한 사람의 생명을 1년간 유지하기 위해 이토록 어마어마한 양을 소비하며 살고 있다는 사실이 놀랍지 않나요? 지금 우리가 살고 있는 이 삶의 무게가 얼만큼 인지를 생각해 보아야 할 때입니다. 우리는 정말 어떻게 살아가야 하는 것일까요?

　수많은 광고들이 우리의 눈과 귀를 사로잡고 머릿속을 어지럽힙니다. 그리고 그것을 갖고 싶다는 욕망을 만들어 내지요. 그 물건을 사면 내가 더 근사해 보일 것이라는 욕망, 그 음식을 먹으면 내가 더 행복할 것이라는 환상, 그 집에 살면 더 안락할 것이라는 착각을 하게 합니다. 이렇게 심어진 욕망, 환상, 착각은 우리에게 그것을 반드시 손에 넣어야 한다고 부추깁니다. 하지만 그런 것들을 손에 넣는다 해도 소유로 인한 기쁨은 찰나에 불과합니다. 찰나의 기쁨을 위해 우리가 놓치고 있는 소중한 것들이 너무나 많습니다. 소유함으로써 행복한 삶을 꿈꾸는 한 일시적인 만족감에 도취

되어 계속해서 채워지지 않는 갈증을 느끼게 될 것입니다.

'더 갖고 싶다', '가진 것을 절대 놓지 않겠다'는 생각이 우리의 이성을 마비시킵니다. 꽉 움켜쥔 두 손을 풀어내지 못하게 가로막습니다. 소유에 대한 집착을 끊기가 힘든 이유는 남을 의식하기 때문입니다. 남이 나를 어떻게 보는지, 어떤 사람이라고 판단하는지를 지나치게 신경 씁니다. 그러니 남의 눈에 나는 근사하고 멋져야 합니다. 많이 가진 것처럼 보여야 합니다. 마치 허기진 배를 채우듯 계속 무언가를 채우려는 시도를 멈추지 못하게 됩니다. 옷장에 옷이 한가득인데 입을 게 없다며 또 옷을 사는 삶을 이제는 멈추어야 하지 않을까요?

커튼 사이로 들어온 빛에 나른한 행복감을 느껴 본 적이 있나요? 그 순간에 온전히 존재하면 햇빛 하나만으로도 충만함을 느낄 수 있습니다. 나의 내면은 옷이나 차, 그 밖에 내가 가진 것들이 아닌 자기 자신으로 존재하는 삶을 살기를 진정으로 바라고 있습니다.

존재하는 삶으로 나아가기 위해서 내가 진정으로 원하는 것과 그렇지 않은 것을 가려낼 수 있어야 합니다. 일상의 작은 것들부터 시작하는 것이 좋습니다. 옷을 입을 때, 식사를 할 때처럼 일상의 순간마다 자신에게 진정으로 기쁨과 편안함을 주는 것을 선택하는 것이지요. 사소하지만 중요한 선택이 쌓이고 쌓이면 결국 그것이 내 삶이 됩니다. 내 손에 움켜쥔 불

필요한 것들을 놓아주세요. 그리고 소유가 아닌 존재하는 삶으로 나아가세요. 죽음의 순간이 다가와 눈을 감을 때 후회하지 않을 삶은 소유가 아닌 존재하는 삶입니다.

치유와 성장의 공간

1. 옷장 안에는 모두 몇 벌의 옷이 있나요? 냉장고에는 얼만큼의 음식이 있지요? 그 외에도 내가 가지고 있는 것들을 나열해 보세요. 그것들 중 정말 당신에게 의미 있고 가치 있는 것들은 얼마나 되나요?

2. 살기 위해 꼭 필요한 것들만 적어 보세요. 다 적은 후에는 꼭 필요하지 않은 것이 있는지 다시 점검하고 있다면 목록에서 지워 보세요. 이렇게 몇 번을 반복한 후 정말 꼭 필요한 것만 남기고 그 목록들을 다시 읽어 보며 마음속으로 '이것으로 충분하다'라고 되뇌어 보세요.

3. 현재에 존재하는 삶으로 살고 있는지 점검해 보세요.

각 문장을 읽고 해당되는 점수를 골라 점수 칸에 적어 보세요.
1점 : 전혀 그렇지 않다 / 2점 : 종종 그렇다 / 3점 : 그런 편이다 /
4점 : 자주 그렇다 / 5점 : 항상 그렇다

번호	항목	점수
1	정신없이 바쁠 때 내가 바쁘다는 것을 알아차리고 조율하려고 노력한다	
2	아무것도 하지 않고 쉬는 시간이 생기면 불안하다	
3	하늘을 올려다보며 감상한다	
4	실수나 잘못을 하면 자책하며 계속 생각한다	
5	식사를 할 때 음식 맛을 음미하고 식사에 집중한다	
6	누군가와 대화할 때 온전히 집중하기 어렵다	
7	사랑하는 사람과 포옹하거나 키스를 할 때도 무언가 다른 생각을 할 때가 있다	
8	스트레스 상황에서 손에 땀이 나거나 심장이 빨리 뛰는 것과 같은 신체적 변화를 잘 알아차린다	
9	계절이 바뀌는 것에 민감하고 그 변화를 만끽한다	
10	운전을 할 때 신호를 기다리는 것이 초조할 때가 있다	
11	감정적으로 힘들 때 그 상황을 알아차리고 빠져나오려고 애쓴다	
12	지금 해야 할 일이나 상황에 집중을 잘한다	

13	마음이 바쁠 때는 주변의 상황을 알아차리기 힘들다	
14	누군가와 다툰 후 그때 하지 못한 말이 생각나서 후회하고 계속 떠올린다	
1, 3, 5, 8, 9, 11, 12번에 체크한 점수를 합산한다		A
2, 4, 6, 7, 10, 13, 14번에 체크한 점수를 합산한다		B
A의 점수 - B의 점수는?		

결과보기

 (-)점수는 0~10점으로 보면 됩니다.
 0~10 점 : 아직은 존재하는 삶이 어려운 당신
 11~20 점 : 존재하는 삶으로 가는 방법을 잘 모르는 당신
 21~30점 : 존재하는 삶으로 가려고 노력하는 당신
 31~ 35점 : 존재하는 삶을 살고 있는 당신

4. 존재하는 삶을 살게 된다면 나와 내 삶에서 무엇이 좋을까요?

5. 존재하는 삶을 살기 위해 내가 할 수 있는 일이 무엇인지 적어 보고 지금 바로 실행할 수 있는 일에 동그라미 해 보세요.

Question 19

나의 시간,
잘 돌보고 있나요?

나를 온전히 사랑하고 나답게 성장하고 싶은 당신을 위한

생각의 공간

반복되는 나의 일상을 돌아보세요. 그 시간들 안에 나를 위한 시간이 있나요? 소중한 사람과의 시간이 있나요? 나의 시간들이 무엇으로 채워져 있는지 천천히 적어 내려가 보세요. 그리고 그 안에 나를 위한 시간이 있는지, 소중한 사람과의 시간이 있는지, 해야 할 일이 아닌 하고 싶은 일, 소중한 일을 위한 시간이 있는지 나의 시간을 점검해 보세요.

지혜의 공간

"쌓여 있는 일을 하다 보면 시간이 어떻게 가는지 모르겠어요."
"할 일은 많은데 시간이 왜 이렇게 부족한지 모르겠네요."
"요새 뭘 하고 사는지 모를 만큼 정신없이 바빠요."

언젠가부터 우리는 이런 말을 자주 하며 삽니다. 이 말들 안에 공통적으로 들어가는 단어가 하나 있습니다. 무엇일까요? 맞습니다. '모르겠다'입니다. 우리는 왜 바쁜지, 이렇게 바쁜 삶을 바로잡으려면 어떻게 해야 하는지 모른 채 그냥 열심히 살고 있습니다. 일하고 집에 오면 씻고 자기 바쁩니다. 당장 어제 무엇을 했는지도 잘 기억이 나지 않을 만큼 정신없이 살아갑니다. 그리고 한 달, 두 달 시간이 지나 어느새 연말이 되면 일 년 동안 어떻게 시간이 간 것인지 허무하기만 합니다. 이렇게 바쁜 중에도 정작 '나'를 위한 시간은 찾아보기가 힘듭니다. 내가 하고 싶은 일, 나에게 정말 의미 있고 소중한 일이 아닌 그저 내가 해야 할 일에 치여 바쁘고 정신없이 살아가는 우리, 정말 이대로 괜찮은 것일까요?

저는 지난 10년간 일하는 엄마로 살아왔습니다. 강의나 상담이 없는 날에는 집에서 교안을 다듬거나 상담, 코칭 자료를 만들어야 합니다. 집이 곧 일터이다 보니 일을 하다가도 아이를 돌보아야 했고 아이를 돌보다가도 일을 해야 하는 상황이었지요. 아이가 네 살쯤 되었을 때입니다. 그 당시 아이의 취미는 제 스마트폰으로 집 안 이곳저곳을 사진 찍는 것이었는데 그날 역시 저는 컴퓨터 앞에 앉아 있었고 아이는 이 방 저 방을 돌아다니며 사진을 찍고 있었습니다. 그러다가 어느 순간, 아이가 일하고 있는 제 옆모습을 찍길래 아이 쪽으로 시선을 돌렸더니 아이가 입을 삐죽 내민 채 이렇게 물었습니다.

"엄마는 서윤이가 좋아, 컴퓨터가 좋아?"
"당연히 서윤이가 좋지!"
"칫, 거짓말……."

돌아서는 아이의 뒷모습을 바라보며 아이를 붙잡을 수가 없었습니다. 그 당시, 놀아 달라는 아이에게 가장 많이 한 말은 '나중에', '이것만 하고', '할머니랑 놀아.', '엄마 일해야 해.'였습니다. 그리고 컴퓨터 앞에 앉아 있는 엄마의 모습을 일상처럼 보며 4년을 컸으니 엄마가 자신보다 컴퓨터를 더 좋아한다고 생각하는 것도 이상한 일이 아니었습니다. 그날 밤, 아이를 재우고 난 후 진정으로 원하는 삶은 어떤 삶인지 생각해 보았습니다. 일도 좋지만 가족도 소중하고 가족도 소중하지만 나도 중요하다는 결론에 이르자 무언가 변화가 필요했습니다. 그 변화를 위해 선택한 것이 '시간돌봄'이었습니다. 시간을 돌보기 위해서 가장 먼저 생각해야 할 것은 '시간의 균형'입니다. '시간의 균형'이라 하면 시간이 어느 한쪽으로 치우치지 않고 수평인 상태를 의미하는 것으로 생각하게 되는데 시간이 수평을 이룬 상태로 사는 것은 현실적으로 불가능합니다. 시간 균형의 진정한 의미는 시간을 균등하게 쓰는 것이 아니라 그때그때 상황마다 더 중요한 것이 무엇인지 파악하고 그것에 더 집중하는 것입니다. 그렇다면 어떻게 해야 시간의 균형을 이룰 수 있을까요?

몇 해 전 저축도 못 하고 대출금도 점점 늘어나는 상황이 되자 불안감이 밀려왔습니다. 이대로 가면 안 되겠다 싶어 재무 설계를 신청했지요. 재무설계사는 "가계부를 석 달간 쓰고 다시 만나자"라고 했습니다. 약속한 석 달 동안 매일매일 가계부를 쓰고 나자 수입과 지출의 흐름이 보였고 전체적인 가계 규모를 파악할 수 있었습니다. 비로소 지출계획과 그에 따른 재무설계가 가능해진 것입니다. 그런데 가계부를 쓰면서 또 한 가지 깨닫게 된 것은 돈의 흐름을 알기 위해 가계부를 써야 하듯 시간 역시 마찬가지라는 것입니다. 내 시간의 흐름과 내가 사용하는 시간의 패턴을 먼저 파악해야 어떻게 시간의 균형을 이룰 수 있는지 방법을 찾을 수 있습니다. 하지만 우리는 늘 시간을 계획하는 것부터 시작합니다. 계획을 아무리 잘해도 실천이 어려운 이유가 바로 이것입니다. 무엇을 언제 할지 계획부터 하는 것이 아니라 하루 중 일을 하는 데 쓰는 시간, 생활을 위한 시간, 나를 위한 시간 등 내가 쓰고 있는 시간을 파악한 후 놓치고 있는 시간은 없는지, 여유 시간은 어느 정도 확보할 수 있는지 나의 시간 사용 패턴과 시간 사용의 양을 아는 것이 먼저입니다.

시간을 기록한지 만 5년이 되었습니다. 시간을 기록하자 비로소 진짜 시간이 보이기 시작했습니다. 아이가 태어난 이후로 일하고 살림하고 아이 키우느라 나만의 시간은 조금도 낼 수 없이 바쁜 줄로만 알았는데 여유 시간들이 있음을 알게 되었고 잘못된 시간 사용 패턴이 삶의 질을 낮추고 있다는 사실도 깨달았습니다. 수면 시간도 일정치가 않았고 운동과 같은 건강을 위한 시간도 없었으며 식사 시간 역시 불규칙적이었습니다. 막연하게 짐작하고 있던 것들을 시각화를 통해 명확하게 인지하고 나니 문제점과 개선해야 할 부분들이 눈에 보였습니다. 그제야 마음만 앞선 계획이 아닌 내가 살고 싶은 삶의 방향에 맞게 나를 돌보고 관계를 돌보고 삶을 돌보는 시간 계획을 할 수 있게 되었습니다.

시간의 균형을 통해 시간돌봄을 실천하게 되면 소중한 것을 위한 시간을 놓치지 않게 됩니다. 삶에서 소중한 것을 놓치지 않으면 삶에 대한 만족도가 높아집니다. 한정된 시간을 이제는 다르게 계획하고 써야합니다. '해야 할 일'만 하는 삶에서 벗어나 '소중한 일', '하고 싶은 일'에 더 집중하는 삶으로 나아가야 하는 것이지요.

당신의 시간은 무엇으로 채워져 있나요? 그 안에 진짜 소중하고 하고 싶은 것들을 위한 시간이 존재하나요? 삶에서 정말 중요한 것들을 놓치지 마세요. 시간의 주인은 바로 나 자신입니다.

치유와 성장의 공간

1. 당신은 무엇을 하며 하루의 시간을 쓰고 있나요? 일상적인 하루를 시간대별로 기록해 보세요. (점선 : 30분 단위)

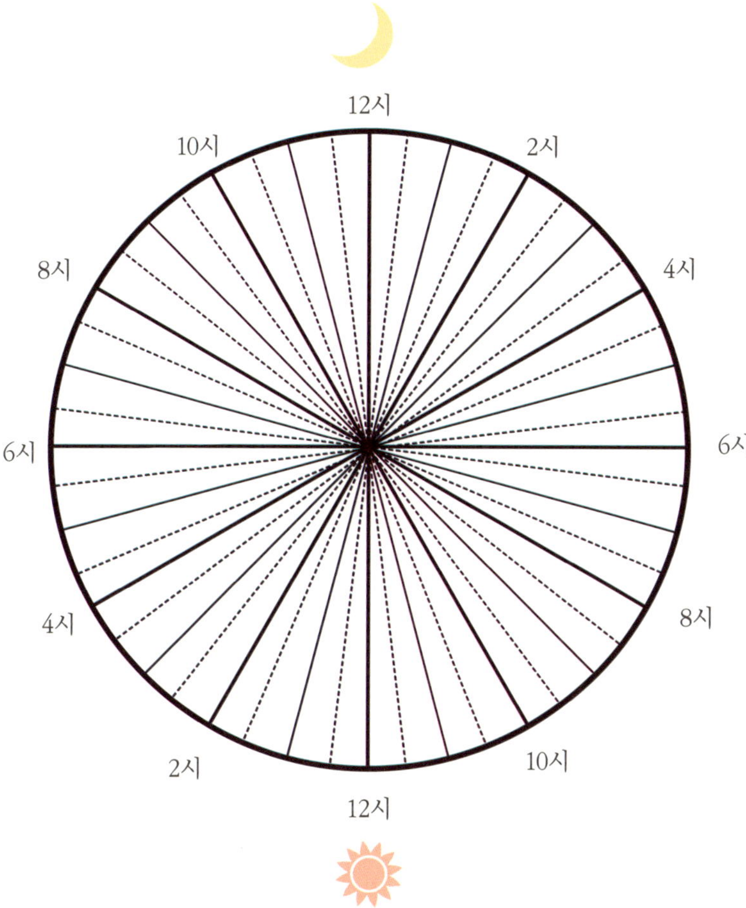

2. 시간 점검하기

1) 시간을 기록해 보니 어떤 생각이 드나요? 시간을 균형있게 사용하고 있나요? 만약 아니라면 그 이유는 무엇일까요?

2) 무엇을 하는데 가장 많은 시간을 쓰고 있나요?
그리고 결과는 어떤가요? 만족스럽나요? 만약 만족스럽지 않다면 그 이유는 무엇인가요?

3) 나와 내 삶에서 정말 소중한 것을 위해 시간을 쓰고 있나요? 아니라면 그 이유는 무엇일까요?

4) 나를 돌보는 시간을 가지고 있나요? 아니라면 그 이유는 무엇인가요?

3. 시간 계획하기

1) 하루 중 내가 만들 수 있는 여가 시간은 얼마 정도 되나요? 그 시간이 만들어지면 내가 꼭 하고 싶은 것은 무엇인가요?

2) 삶에서 가장 이루고 싶은 것은 무엇이고 그것을 하는 시간을 언제로 하면 좋을까요? 실행을 방해하는 장애물은 무엇이고 어떻게 해결해야 할까요?

3) 남은 한 해 동안 하고 싶은 것을 모두 적어 보세요.

4) 하루 시간 사용을 되짚어 보고 3)번에서 적은 일들을 할 수 있는 시간이 있는지 살펴보세요. 만약 있다면 언제 하면 좋을까요? 만약 없다면 어떻게 시간을 낼 수 있을까요?

Question 20

오늘, 완전히
충전되었나요?

오늘 몸의 에너지 상태는 어떤가요? 남아 있는 에너지가 거의 없는 상태인가요, 아니면 활기가 넘치고 무엇이든 열정적으로 시도할 수 있을 만큼 에너지가 가득 찬 상태인가요? 지금 이 순간, 당신 몸의 에너지를 느껴 보세요. 몸의 에너지 상태가 좋다면 그 이유는 무엇인지, 몸의 에너지가 상태가 나쁘다면 또 그 이유는 무엇인지 적어 내려가 보세요.

나를 온전히 사랑하고 나답게 성장하고 싶은 당신을 위한

지혜의 공간

　직장인의 90% 이상은 번 아웃(Burn-out) 경험이 있다는 한 통계를 본 적이 있습니다. 번 아웃은 더 이상 짜낼 힘이 없는 소진 상태를 의미합니다. 직장인들만 번 아웃을 겪는 것이 아닙니다. 아이를 키우는 엄마들도 육아에 지쳐 있고 너무 어린 나이부터 시작되는 과도한 학습과 경쟁주의로 인해 아이들도 지쳐 있습니다. 대한민국의 수많은 사람들이 에너지가 바닥난 채 하루하루를 살아가고 있습니다.

　번 아웃에 빠질 정도로 지쳐 있다는 것은 무엇인가에 강하게 매달려 왔음을 의미합니다. 일에서의 성과, 금전적 성공, 아이를 키우는 일, 자기 계발이나 학업 등 각자 다양한 일에 매달려 왔습니다. 마치 한계를 모르는 기계처럼 자신을 혹사시켜 온 결과가 내 몸의 방전된 에너지인 것은 아닐까요?

　내 삶에서 가장 중요한 것은 일도 성공도 돈도 혹은 그 누군가도 아닌 바로 '나'입니다. 바닥난 에너지를 더 짜내려고 할 것이 아니라 이제는 내 몸에 에너지를 채워 주어야 할 때입니다. 내 몸에 에너지를 채우기 위한 세 가지 조건은 '먹는 것', '움직이는 것', '자는 것'입니다.

무엇을 먹어야 나의 몸에 에너지를 채울 수 있을까요? 우리는 몸에 좋은 에너지를 주는 음식이 무엇인지 이미 잘 알고 있습니다. 그러니 정보를 찾느라 시간과 에너지를 낭비하지 말고 현재 내가 먹고 있는 음식들이 나에게 에너지를 주는 건강한 음식들인지 살펴보는 것이 먼저입니다. 건강한 식사를 하지 못 하고 있다면 좋은 에너지를 주는 식사 습관으로 조금씩 바꾸어 나가면 됩니다. 점심에 몸에 좋지 않은 음식을 먹었다고 해서 죄책감을 느낄 필요도 없습니다. 죄책감 대신 다음 한 끼는 건강한 식사로 채우면 됩니다. 평소에 자주 먹는 음식, 오늘 하루 동안 먹은 음식을 떠올려 보세요. '좋은' 음식을 '잘' 먹는 것만으로도 몸에 건강한 에너지를 채워줄 수 있습니다.

우리는 하루에 얼마 동안 몸을 움직일까요? 보건복지부가 2016년에 발표한 통계에 의하면 한국인은 하루 평균 7.5시간을 앉아서 보낸다고 합니다. 미국의 콜롬비아 대학교에서는 '매일 운동해도 앉아 있는 시간이 길면 수명은 단축된다'는 연구 결과를 내놓았는데 특히 하루에 12시간 이상 앉아 있는 사람들을 위험군으로 보았습니다. 우리 인간의 몸은 본래 활동량이 많았습니다. 인류는 두 다리로 걷고 달리고 나무에 오르고 물에서 헤엄치며 살았지요. 그렇게 계속 몸을 쓰며 살던 인간이 산업화 이후 직업의 변화를 거치면서 현재는 다수가 앉아서 일을 하고 있습니다. 몸을 움직이지 않는 정적인 생활 환경에 갇히게 되다 보니 오랜 시간 활동적인 삶에 익숙해진 인간의 몸은 갑자기 활동량이 줄어든 삶의 패턴에 미처 적응하지 못했고 이로 인한 문제들이 하나 둘 나타나고 있는 상황입니다.

몸을 움직이는 가장 쉽고 효과적인 선택은 '걷기'입니다. 갑자기 강도 높게 움직이는 것보다 약한 강도로 움직이는 것이 몸에 무리가 없을 뿐 아니라 걷기만으로도 꽤 많은 운동량을 채울 수 있기 때문입니다. 한 연구에 따르면 걷기는 에너지 수준을 150퍼센트 정도 높여주고 계단 오르기보다 칼로리 연소가 두 배나 높은 것으로 나타났습니다. 단 5분, 10분이라도 걷기를 시작해 본다면 작지만 분명한 변화를 느낄 수 있습니다.

몸에 에너지를 채우기 위한 세번째 방법은 '잘 자는 것'입니다. 잠을 충분히 자야 하고 잘 자는 것이 중요하다는 것은 이미 알고 있지만 현실은 많이 다릅니다. 잠을 줄이면서 일을 하거나 고민이나 생각때문에 쉽게 잠을 이루지 못하기도 합니다. 때로는 깊게 잠들지 못하고 얕은 잠을 자기도 하지요. 수면에 있어서 일정 시간의 양만큼 중요한 것이 '수면의 질'입니다. 잠자리에 들기 전 무엇을 하나요? 강한 불빛을 내뿜는 TV나 컴퓨터, 휴대폰의 화면을 보고 있지는 않나요? 몸에 에너지를 채워주는 좋은 수면을 위해 이제는 '다른 선택'을 해야 합니다.

몸과 마음의 에너지가 충만하다면 나의 감정, 생각, 태도, 마음가짐 등이 어떻게 달라질까요? 보다 충만함을 느끼게 되고 활력이 생기지 않을까요? 잘 먹고, 잘 움직이고, 잘 자는 것만으로 몸의 에너지를 충분히 채울 수 있습니다. 지치고 난 후에 채우려면 더 어렵고 힘듭니다. 지치기 전에 채우세요. 그리고 에너지가 충만한 삶을 살아 가세요. 이것이 내 삶을 사랑하고 나를 돌보며 사는 길을 열어 줄 것입니다.

나를 온전히 사랑하고 나답게 성장하고 싶은 당신을 위한

치유와 성장의 공간

1. 잘 먹기

　1) 오늘 하루 먹은 음식을 적어 봅시다. 그 음식들은 내 몸에 건강한 에너지를 채워주는 것인가요?

　2) 건강한 에너지를 주는 음식을 꾸준히 먹으면 나와 내 삶이 어떻게 달라질까요?

　3) 평소에 내가 먹는 음식들은 나에게 에너지를 주는 것들인가요? 만약 그렇지 않다면 식단을 어떻게 바꾸고 싶나요?

2. 잘 움직이기

　1) 하루 중 움직이는 활동을 하는 시간이 어느 정도인지 생각해 보세요.

2) 움직이는 활동이 마음에 들지 않는다면 앞으로 어떻게 하는 것이 좋을까요?

3) 몸을 움직이는 삶으로 변화하면 나와 내 삶이 어떻게 달라질까요?

3. 잘 자기
1) 평균적인 수면 시간은 어느 정도이고 수면의 질은 어떤가요?

2) 수면의 양 혹은 수면의 질이 만족스럽지 않다면 그 이유는 무엇일까요?

3) 잠을 잘 자기 위해 낮에 하면 좋을 활동과 자기 전에 하면 좋을 활동이 무엇일지 생각해 보세요. 또한 침실에 어떤 변화를 주고 싶은지도 생각해 보세요.

Question 21

매일매일 무엇을 하며
살고 있나요?

생각의 공간

아침에 눈을 뜨자마자 하는 것은 무엇인가요? 화가 나거나 속상할 때마다 어떻게 하나요? 잠들기 전에 항상 하는 것은 무엇인가요? 매일매일 혹은 어떤 상황이 일어날 때마다 반복하고 있는 것들을 떠올려 보세요. 그리고 그 습관들이 나의 삶에 어떤 영향을 미치는지 점검해 보세요.

나를 온전히 사랑하고 나답게 성장하고 싶은 당신을 위한

지혜의 공간

중학생 때 친했던 친구 한 명은 불안할 때마다 손톱을 물어뜯었습니다. 몇 년을 그랬는지 손톱은 다 일그러지고 손톱 주변의 살점마저 잔뜩 성이 난 상태였지요. 친구는 그런 자신의 손이 부끄러웠는지 늘 주머니에 손을 넣고 다녔습니다. 그러다가 불안이 밀려오면 어김없이 손톱을 물어뜯었지요. 겨우 열네 살의 아이가 불안을 이겨 내는 방법으로 스스로를 괴롭히고 아프게 하는 습관을 갖게 된 것입니다.

누구나 반복해서 하는 습관이 있습니다. 매일매일 혹은 상황마다 우리가 반복하는 습관이 내가 되고 내 삶이 됩니다. 당신은 일상 속에서 무엇을 반복하고 있나요? 아주 사소해 보이는 습관 하나가 삶의 만족도를 좌우할 수 있습니다. 그렇다면 어떤 습관이 삶의 만족도를 높여줄 수 있을까요?

어느 날 버스를 타고 이동하는데 어떤 정류장에서 쌍둥이를 데리고 한 엄마가 버스를 탔습니다. 아이들은 서너 살쯤 되어 보였는데 아이들이 의자에 앉기도 전에 버스가 출발했고 한 아이가 넘어져 울음을 터트렸습니다. 아이를 겨우 달랜 엄마는 이미 지쳐 보였지요. 몇 정거장 지나 엄마는 아이들을 데리고 뒷문 쪽으로 나왔고 버스가 멈추어 서자 자신이 먼저 내리고 한 아이를 안아 내렸습니다. 그런데 그때 남은 한 아이가 미처 내리기

도 전에 버스 문이 닫히려 했고 그 순간 저도 모르게 문으로 뛰쳐나가 "기사님, 아직 아이가 안 내렸습니다."라고 한 후 아이를 안아서 아이 엄마에게 넘겨 주었습니다. 아이 엄마는 경황이 없었는지 고맙다는 말은 하지 못했지만 표정에는 고마움과 미안함이 가득했습니다. 그런데 그런 그녀의 표정을 보자 제 마음이 뭉클해졌습니다. 그리고 도움이 필요한 사람을 돕는다는 것이 나 자신에게 좋은 에너지를 준다는 것을 알았지요. 그날 이후로 저는 '선행 습관'을 만들고 싶다는 결심을 하고 매일매일 아주 소소한 선행을 실천하고 있습니다. 뒤에 오는 사람을 위해 문 잡아 주기, 계단에서 유모차 같이 내려 주기, 길 헤매는 어르신에게 길 알려 드리기, 마트 계산대에서 한두 개 물건을 들고 있는 뒷사람에게 순서 양보하기 등 누구라도 할 수 있는 작은 일들입니다. 너무 사소한 것이라 때로는 시시해 보이기도 하지만 이 작은 실천이 저 자신을 긍정적으로 바라보게 하고 자존감을 높여 주었습니다. 꼭 선행 습관일 필요는 없습니다. 내 삶을 더 풍요롭고 의미 있게 만들어 주고 내 마음에 충만함을 줄 수 있는 습관이라면 무엇이든 좋습니다.

좋은 습관을 만드는 것만큼 중요한 것이 갖고 있던 안 좋은 습관을 좋은 습관으로 바꾸는 것입니다. 습관을 바꾸고 싶다면 내 현재 상태에 대한 불안, 불만, 불편이 먼저 분명하게 인식되어야 합니다. 나 자신 혹은 나의 삶에 있어서 무엇이 불안하고 불편하며 불만이 느껴지나요? 나와 내 삶에서 느껴지는 불안과 불편, 불만을 찾아보세요. 바로 거기에서부터 변화가 시작됩니다.

인간이 동물과 다른 점 중 한 가지는 '의지'입니다. 하지만 의지만으로는 습관을 바꾸거나 새로운 습관을 들이는 것이 쉽지 않습니다. 그래서 우리에게 필요한 것은 좋은 습관을 갖게 되었을 때의 즐거움을 인식시키는 것입니다. 영국의 금연활동가인 앨런 카(Allen Carr)는 33년간 하루에 80개피의 담배를 피울 정도로 엄청난 애연가였습니다. 담배를 끊기 위해 온갖 방법을 다 동원해 봤지만 모두 실패했지요. 하지만 이에 굴하지 않고 금연에 성공할 수 있는 자신만의 방법을 찾아냅니다. 앨런은 '금연은 어려운 일이다'라는 고정관념을 없애는 것부터 시작했습니다. '언제든 금연할 수 있어', '내가 마음만 먹으면 금연은 식은 죽 먹기야' 라는 생각을 하며 금연이 생각보다 그리 어려운 일이 아니라는 인식을 머릿속에 심어 주었습니다. 그리고 금연했을 때 좋은 점이 무엇일지를 계속해서 떠올렸습니다. '입 냄새가 나지 않겠지', '돈도 절약할 수 있을 거야', '무엇보다 건강해질 수 있겠지'와 같은 긍정적인 결과를 주입했습니다. 그 결과 앨런은 33년간의 흡연하는 습관을 멈추고 금연에 성공했으며 금연운동가로 활발히 활동하고 있습니다. 의지만으로 습관을 바꾸기 어렵다면 좋은 습관에 대한 즐거움을 떠올려 보는 것은 어떨까요?

아리스토텔레스는 "당신이 항상 정기적으로 하는 것이 바로 당신 자신이다."라고 했습니다. 나와 내 삶을 돌보길 원한다면 현재 나의 습관을 점검하고 그 습관을 돌봄의 습관으로 조금씩 바꾸어 나가는 것이 필요합니다. 삶을 만들어 가는 것은 거창하고 거대한 무엇이 아니라 소소한 일상의 축적이기 때문입니다. 나를 돌보는 습관 한 가지가 당신 삶을 더 풍요롭게 만들어 줄 것입니다.

치유와 성장의 공간

1. 습관 점검하기

   1) 평소에 습관처럼 자주 하는 말은 무엇인가요? 그 말을 할 때 어떤 감정이 느껴지고 그 말이 나에게 어떤 영향을 미치나요?

   2) 평소에 습관처럼 자주 하는 생각은 무엇인가요? 그 생각을 할 때 어떤 감정이 느껴지고 그 생각이 나에게 어떤 영향을 미치나요?

   3) 스트레스를 풀어내는 나만의 습관은 무엇인가요?

   4) 평소에 고치고 싶거나 마음에 들지 않는 습관은 무엇인가요?

   5) 1)~4)번에 적은 습관 중 나와 내 삶을 돌보는 데 도움이 되지 않는 습관은 무엇인지 적어 보세요.

2. 새로운 습관 만들기

   1) 내가 바꾸고 싶은 습관은 사라지고 원하는 습관이 생긴다면 나와 내 삶에는 어떤 변화가 생길까요?

   2) 좋은 습관을 만드는 것을 방해하는 장애물은 무엇인가요?

   3) 그 장애물을 어떻게 극복할 수 있을까요?

   4) 원하는 습관을 만들기 위해 지금 당장 무엇을 하면 좋을까요?

끝맺으며

이슬람교 우화에 등장하는 바보 성자 물라(Mulla)의 이야기 입니다.

어느 날 물라는 길가의 가로등 밑에서 무언가를 열심히 찾고 있었습니다. 행인이 그 모습을 보고 무엇을 하나 싶어 물라에게 물었습니다.

"뭘 찾고 계신가요?"

"열쇠를 잃어버렸습니다."

열쇠를 잃어버렸다는 말에 안타까움을 느낀 행인은 열쇠 찾는 것을 도와주었습니다. 하지만 한참 동안이나 아무리 찾아도 열쇠가 보이지 않자 행인은 물라에게 다시 물었습니다.

"정말 여기서 잃어버린 것이 맞소?"

"아니요. 실은 우리 집 앞에서 잃어버렸소."

"아니, 그런데 왜 여기서 열쇠를 찾고 있는 것이오?"

"그야 여기가 더 환하니까요. 우리 집 앞은 어두컴컴해서 아무것도 안 보이거든요."

이 이야기가 우리에게 전해주고 싶은 깨달음은 무엇일까요?

열쇠를 잃어버린 곳은 집 앞인데 그곳이 어두워서 아무것도 안 보이니 그냥 환한 곳에서 찾고 있다는 물라가 어리석게 느껴 지기도 하지만 어쩌면 우리도 물라처럼 살고 있는 것은 아닌가 하는 생각이 듭니다. 삶에서의 모든 답이 내 안에 있음을 알아차리지 못하고 자꾸만 자신을 둘러싼 외부로 시선을 돌립니다. 나 아닌 타인, 주변의 환경, 우리에게 쏟아지던 수많은 정보에 쏠려 있던 나의 시선을 '나'에게로 돌려 나를 아끼고 보살펴 주어야 합니다.

지금 이 순간에도 여전히 많은 사람들이 자신을 온전히 사랑하지 못하고 돌보지 못한 채 하루하루를 그럭저럭 살아가고 있습니다. 스스로를 돌본다는 것은 매우 성숙하고 지혜로운 삶의 자세입니다. 그러니 자신을 돌보는 것을 부끄럽게 생각하거나 유별나다고 생각하지 않았으면 좋겠습니다. 자신을 돌볼 수 없는 사람은 타인도 돌볼 수가 없습니다. 누군가를 돌보기 전에 나부터 돌보는 것이 먼저입니다.

자기돌봄을 위해 선택했을 이 책이 오히려 독자 여러분을 힘들게 하고 시험에 들게 한 것은 아니었을지 걱정이 밀려옵니다. 책을 읽어 나가는 것뿐만 아니라 질문에 머무르고 답을 적고 생각해야 하는 과정이 쉽지만은 않았을 것입니다. 하지만 변화의 물꼬는 내 안에서 시작되어야 가장 나다운 변화를 기대할 수 있지 않을까요? 이 책과 함께한 시간이 여러분의 진정한 내면으로 가는 여정에 분명한 도움이 되었기를 바라면서 앞으로도 끊임없이 진짜 자신을 만나고 마음을 돌보고 관계를 돌보며 삶을 돌볼 수 있기를 진심으로 소망합니다.

나를 온전히 사랑하고 나답게 성장하고 싶은 당신을 위한

부록

▶ 감정 단어 목록 표

강도	슬픔	분노	두려움	부끄러움	행복
High ↑	비참한 애통한 외로운 슬픈	증오스러운 치 떨리는 화나는 짜증 나는	끔찍한 공포스러운 오싹한 겁나는 무서운	후회되는 모멸감 망신스러운 수치스러운	흥분되는 황홀한 기쁜 짜릿한 희열
	실망스러운 혼란스러운 괴로운 후회스러운 우울한	절망적인 분한 억울한 짜증 나는	두려운 불안한 막막한 깜짝 놀라는	미안함 죄책감 창피한 곤혹스러운 불편한	감동적인 신나는 만족스러운 안심되는 즐거운
↓ Low	불행한 시무룩한 심술 나는 불만스러운	불쾌한 심란한 속상한 약 오르는	걱정되는 초조한 예민한 긴장되는	주눅 든 당황스러운 겸연쩍은 의기소침한	흡족함 여유로움 편안한 느긋한

▶ 욕구 단어 목록 표

분류	세부 단어
생존 생리	숨쉬기, 배고픔, 갈증, 체온 유지, 주거, 휴식, 수면, 성적(性的) 행위, 생존을 위한 의존
안전	안전함, 안정성, 예측 가능, 일관성, 자기 보호, 정서적 안정, 신뢰, 건강, 안전을 위한 의존, 편안함, 돌봄, (선택, 이동의) 자유, 물질적 자원(금전, 재산), 질서와 규칙성, 치료, 회복
소속 및 애정	소속감, 공동체, 친밀감, 유대, 애착, 스킨십, 소통, 배려, 상호성(주고받음), 나눔, 공감, 이해, 수용, 지지, 협력, 도움과 감사, 위안, 허용, 사랑, 애정, 우정, 관심, 호감, 정직, 진실, 애도, 축하, 신뢰
자기 존중	자유, 자신감, 독립심, 인정, 존중, 존경, 능력 발휘, 효능감, 능력, 존재감, 개성
인지	명료한 생각이나 가치관, 나만의 견해, 탐구, 배움, 교육
심미 즐거움	아름다움, 조화, 즐거움, 재미, 유머
자아 실현	꿈, 목표, 도전, 성취, 생산, 성장, 창조성, 숙련, 전문성, 목표의식, 가르침, 깨달음, 지혜, 능력, 명확한 의사 전달
영적	기여, 봉사, 영적인 교감, 영성, 평등, 평화

나 자신을 돌볼 수 있게 도와준

나의 사랑 기오

나의 아기 서윤에게

고마움과 사랑을 전합니다

저자 박현정

현) 자기돌봄학교 대표
현) 책으로 자라는 마음 대표
현) 라이프 코칭 테라피스트
전) 방송 리포터/MC/아나운서

페이스북 : https://www.facebook.com/selfcaringschool
인스타그램 : https://www.instagram.com/hyunjung_pak
홈페이지 : www.자기돌봄학교.com
블로그 : https://blog.naver.com/muhangangsa
카카오톡 플러스 친구 : 상단 검색창에 '자기돌봄학교' 검색

나를 온전히 사랑하고 나답게 성장하고 싶은 당신을 위한

자기돌봄 안내서

발행일 2019년 08월 28일

지은이   박현정
펴낸이   변지숙
펴낸곳   도서출판 아우룸
주소   서울특별시 마포구 동교로 156-13 동보빌딩
이메일   aurumbook@naver.com
전화   02-383-9997
팩스   02-383-9996

홈페이지 www.aurumbook.com

ISBN   979-11-90048-40-8

이 도서의 국립중앙도서관 출판예정도서목록(CIP)은
서지정보유통지원시스템 홈페이지(http://seoji.nl.go.kr)와
국가자료종합목록 구축시스템(http://kolis-net.nl.go.kr)에서 이용하실 수 있습니다.
(CIP제어번호 : CIP2019031081)

·이 책은 저작권법에 의해 보호를 받는 저작물이므로 무단 전재와 복제를 금합니다.
·잘못된 도서는 구입한 곳에서 교환해드립니다.
·책 값은 뒤표지에 있습니다.